つながり続けるこども食堂

湯浅誠

中央公論新社

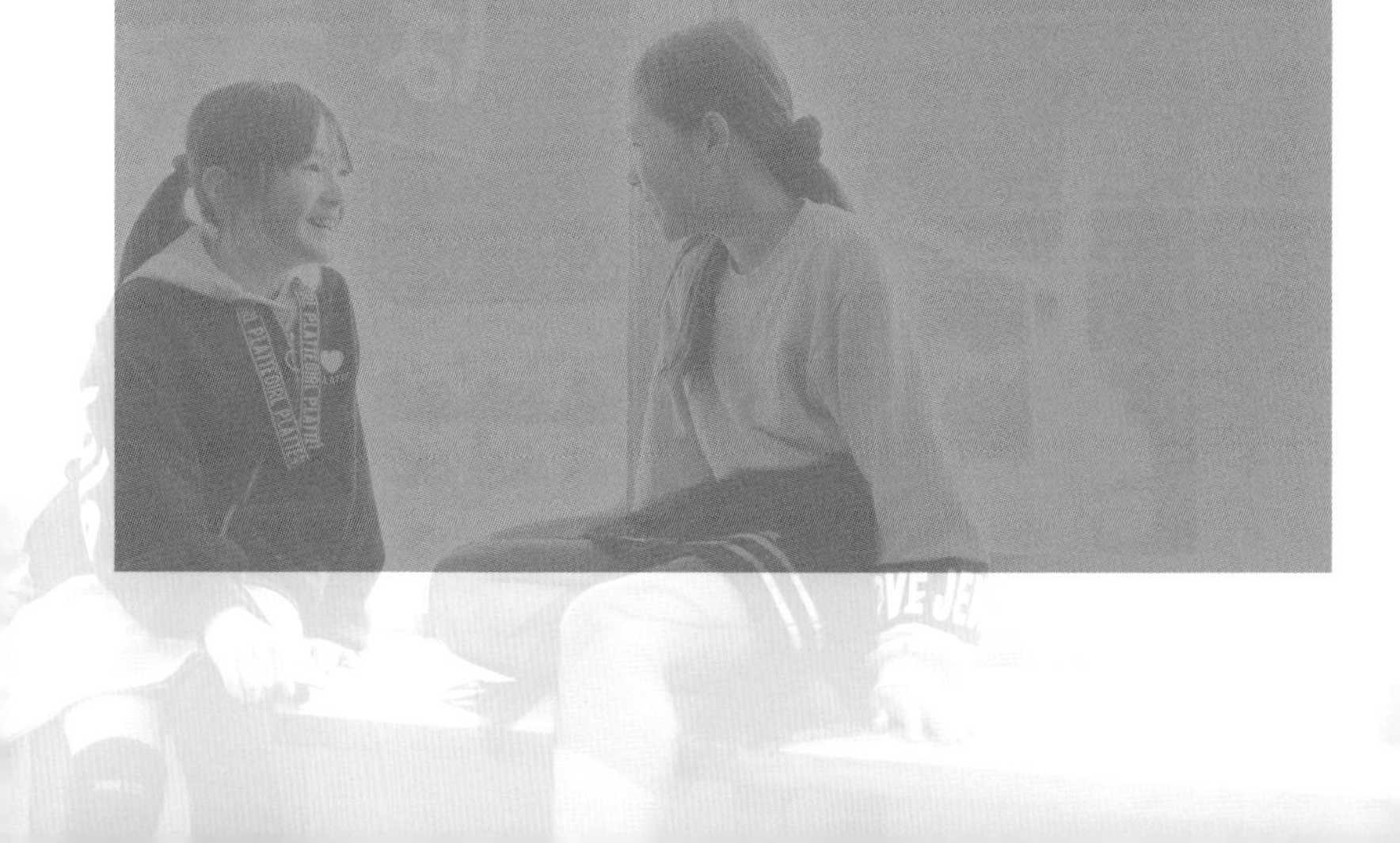

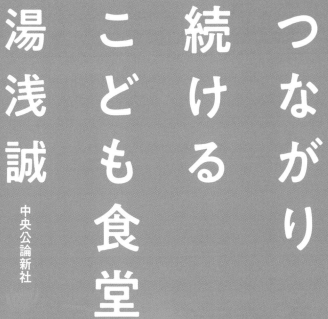

はじめに
こども食堂は「孤立する人のいない〝にぎわい〟をつくる」場所

こども食堂は「福祉っぽい」イメージ?

「ちょっと言いづらいんだけど……。申し訳ないけど、もうちょっとみんなが『すみません』と言って入ってきて、『ありがとうございます』と言って帰っていくような場所かと思ってたんだよね」

サッカー日本代表元監督の岡田武史さんをこども食堂にお連れしたとき、岡田さんが帰り際にそう言ったのが印象的だった。

そう。こども食堂には、どこか参加者が「お世話してもらってます」と肩身を狭くしているような、いわゆる「福祉っぽい」場所だというイメージが張り付いている。誰かからそう言われなくても、なんとなく、いつの間にか……。

世論調査によれば、こども食堂の認知度は84・4%に達するが、行ったことのある人は少ない（2020年の株式会社インテージリサーチの調査など。https://www.intage-research.co.jp/lab/report/20201112.html）。多くの人にとって、こども食堂は「聞いたことはあるが、行ったことのない場所」だ。イメージだけで語るしかない。そして報道は、こども食堂が「食べられない子」のためにある場所のように伝えてきた。福祉っぽい場所だというイメージが張り付いてしまうのも無理はない。

しかし岡田さんがそうだったように、行ってみると印象は一変する。

子どもは部屋から部屋へ、所狭しと駆け回る。お母さんたちは、子どもが勝手に遊んでてくれるので、おしゃべりに夢中。主宰者のおじさんは、そろそろ晩酌がしたくなって「帰れ、帰れ」と言っている。

……こんな場所だったんだ。

岡田さんでなくても、初めて訪れて、そういう感想を抱く人は多い。実は、こども食堂の大きな目的の一つは「地域のにぎわいづくり」だ。

地域を見回して「さびしくなったなあ」と感じる人は多い。商店街がさびれたし、人が歩いているのを見る機会が減った。子どもが群れて遊んでいる風景とか、しばらく見ていない。公園に行けば「ここでは静かに遊びましょう」と看板が立っている。地域の接点も減った。保育園のママ友やPTA・自治会役員にでもならなければ、地域の人たちと知り合う機会は、なかなかない。

そうした中で、地域の人たちが集まる場をつくろう、みんなで食べるって楽しい、孤食対策にもなるし食育にもなる、忙しいお母さんたちにほっとできる場所を、お年寄りが地域の子たちと触れ合う機会を、――と広がっているのが、こども食堂だ。

2020年12月時点で、全国に少なくとも4960箇所ある。1年で1200箇所増え、4年間で16倍になった。コロナ禍でも増え続けている（私が理事長を務めるNPO法人全国こども食堂支援センター・むすびえ〔以下「むすびえ」と表記〕の調査による。調査・研究事業ページ）。

「現場の様子は、昔の子ども会のよう」と、だから私は伝えてきた。何よりもまず、現場の雰囲気を実態に即して知ってもらいたい。子どもからその親たち、ひとり暮らしの高齢者を含む地域の大人たちが集まる場なのだ、と。

本書は、その延長線上にある。だから現場取材に基づくルポルタージュをメインとした。

人をタテにもヨコにも割らない場所

知ってもらってどうするのか。行ってもらいたい。応援してもらいたい。盛り立ててもらいたい。なぜなら、このような場所はこれからの日本の地域と社会に必要な場所だと思うから。

なぜ日本の地域と社会に必要なのか。私たちの地域と社会はさまざまな点で曲がり角に来ていて、たくさんの課題がある。こども食堂は、その諸課題の解決策（ソリューション）になりえると思っているからだ。

だから、本書は実態を伝えるだけではなく、その意味づけも試みている。ルポだけでなく「論」も入っているのはそのためだ。

こども食堂のどこが、何のソリューションになりえるのか。一言でいえば「人をタテにもヨコにも割らない場所」というこども食堂の包括的なあり方が、子ども、親たち、地域の高齢者の抱える諸課題を解決し、超少子高齢化と財政難に苦しむ日本の地域と社会を前に進める潜在的な力を持っている。そう私は考えている。

こども食堂の定義は「こども食堂・地域食堂・みんな食堂などの名称にかかわらず、子どもがひとりでも安心して行ける無料または低額の食堂」だ。子ども専用食堂ではない。

大人も高齢者も歓迎だというこども食堂がほとんどだ。そしてその基本的な性格は「子どもを中心とした多世代交流の地域拠点」だ。そのような場が、全国津々浦々で、同時多発的に生まれ続け、広がり続けている。

つながりを提供する貧困対策

同時に、こども食堂は子どもの貧困対策でもある。

お金を配るわけではないし、毎日食事を提供しているこども食堂もほとんどない。経済的貧困・食の貧困を解決できるわけではない。しかし、交流と体験、「つながり」を提供する。異年齢集団での遊び、親とは違う大人、お年寄りのしぐさや匂い、子どものような大人のような若者たち……。子どもはそうした交流と体験を通じて、価値観を広げ、人生の選択肢を増やしていく。その「つながりの提供」それ自体が、貧困対策でもある。

鍋を出したら「みんなで鍋をつつくって、テレビでしか見たことなかったけど、本当にあることなんだ」と言った高校生がいた。コロッケを出したら「なにこれ」と聞いていた小学5年生がいた。「包丁ってなに？」と聞いてきた小学生がいた……。こども食堂には、このようなエピソードが溢れている。「あたりまえ」の生活体験が不足している子には、なにげない日常が驚きに満ちた体験になりうる。ともに過ごす時間をもつことが、こうした気づきを与える。そして周りの大人たちがさりげなく気にかける。

その対応は、「対策」とか「支援」と聞いたときに私たちが思い浮かべるものとは違っている。コロッケを食べたことがなかったとわかれば次はメンチカツを出す、誕生会をしてもらったことがないとわかれば盛大に祝う、家族旅行に行ったことがないとわかれば海水浴を企画する。だからこども食堂の人たちは、「おせっかいをやいているだけ」「あたりまえのことしかしてない」と言う。しかしそれが大切なのは、私たちが自分の人生を振り返ればわかると思う。思い出すと背筋が伸びるような気持ちになる言葉や体験は、いつ、誰から、得たものか。それは、親であり、学校の先生であると同時に、地域のおじさん、おばさん、おじいさん、おばあさん、おにいさん、おねえさんだったりしなかっただろうか。だから、「対策」や「支援」という言葉で人々が思い浮かべるものとは違っているが、その人を支え、人生の役に立つという意味で、それはやはり「対策」でもあり、「支援」でもある。

しかし、それが前面に出ると、「あそこに行く＝支援される」となって行きづらい場所になる。だから、あくまで、さりげなく。あるこども食堂の人は、それを「裏メニュー」と呼んだ。表メニューにはうどんとかカレーとかしか書いてない。でも気づいたときに差し出せる裏メニューがたくさんあるんですよ、と。

多くのこども食堂はみんなが集まる場所だ。でもそのみんなの中には「課題を抱えた誰か」がいる。学校だって保育園だって同じだ。その「誰か」にとても敏感な場所、その「誰か」に気づこうとする場所、それがこども食堂だ。しかし、あくまで、さりげなく。

「地域交流拠点」と「子どもの貧困対策」と

だからこども食堂は、地域交流拠点と子どもの貧困対策という二面を持っている。その二面は「にぎわいをつくりたい。そこからこぼれる子どもを減らしたい」という思いでつながっている。

特定の子を指して「あんた大変そうだから、ごはん食べさせてやる」というのではない。みんなで一緒に食べる中に自然に包み込む。だから、みんなが行ける。みんなで食べられる。そこには、輪からはじかれる人のいない形で、みんなでにぎわいを楽しみたい、それでこそ本当のにぎわいをつくれる、気兼ねなく楽しめる、という思いがある。

私は思い出す。小さいころ、障害のある自分の兄を混ぜて、よく草野球をやった。そのとき、車イスで私たちと同じように走れない兄をどうするかと考えて、最初に編み出した

「答え」が、兄を監督にするというものだった。「にいちゃんは監督ね！」と。でもそれは、すぐにうまくいかないとわかった。兄も「体よくハブられた」とわかってしまうからだ。だから、つまらなそうにしている。つまらなそうにしている人がじっとこっちを見ているというのは、盛り上がれないものだ。気になって仕方ない。用もないのにチラチラ見てしまう。

「真のにぎわいは、そこからはじかれる人がいない状態でつくれる」――こども食堂は、あのときの私の「教訓」を今に活かす取り組みだと感じる。

つながり続ける力

このような取り組みが全国津々浦々で同時多発的に起こったのは、全国津々浦々で、人々が同じ状況に直面していたからだ。それは10年前から「無縁社会」と呼ばれている。こども食堂はつながりの薄くなった無縁社会・日本で、つながりを取り戻そうとする人々の営みだ。

２０２０年に起こって、私たちがいまだその渦中にいるコロナ禍は、その「無縁」に追い討ちをかけた。こども食堂は、もともとつながりが薄くなり、「疎」になっていく地域の現状に抗って「密」な場をつくり出したが、コロナはその「密」を狙い撃ちにした。しかしこども食堂の人たちは、それでもつながり続けようとした。それは、コーナーに追い詰められたボクサーが必死に反撃するような姿だった。本書には、こども食堂のそうした「あがき」「もがき」も記録した。そのあがきともがきの中に見える「こだわり」こそが、こども食堂の本質を映し出し、また、日本社会の本当の課題をあぶりだすと思ったからだ。

こども食堂は、一つ一つは小さなボランティア団体だが、その小さなボランティア団体がつくり出すミクロコスモスの中で、たくさんのドラマが展開されている。同時に、一斉に全国に広がったという意味では、社会の課題を深いところで捉えた社会現象でもあり、そのマクロコスモスの中で、私たち全員が直面している大文字の社会課題に取り組んでいる。本書は、その両方を捉えることを願い、試みた。両者をつらぬく一本線は「つながり続ける力」だ。それがこども食堂というミクロコスモスにおいても、こども食堂が広がる日本社会というマクロコスモスにおいても、等しく作用している様子を感じ取っていただければ、私としてはとてもうれしい。

目次

第二章　貧困対策としての形　95

第三章　コロナ禍を逆手にとれる底力

終章 これからを見据えて…… 223

つながり続ける　こども食堂

※登場人物は、こども食堂の運営者を除いて、仮名です。
肩書きは当時のものです。

第一章

みんなの居場所がここにある

1 ほっこりして、役割のある場所

森の玉里子ども食堂（鹿児島県鹿児島市）

カブトムシ、お分けします

「カブトムシを10匹いただきました～。責任をもって飼っていただける方にお分けしたいと思いますが、ご希望の方はこちらにいらしてください～」

40～50畳ほどの広間によく通る女性の声が響く。

畳に座って茶色の長机で食事している親子、トレイを持っておかずを取り分ける列に並んでいる親子40～50人ほどが、声のほうに目を向ける。

「カブトムシだってよ」と子どもに話しかける親がいる。

子どもがどんな反応を示すか、長机の向かいから微笑みながら子どもの顔を見つめるのは、地域の高齢者だろう。エプロンをつけているから、ボランティアかもしれない。

バイキング形式に並べられた食事を受け取っていく参加者たち。2019年初夏の筆者訪問時に撮影

カブトムシが入った10個のケースに子どもや大人がむらがり、一通りの喧騒を経て、カブトムシ10匹がそれぞれの家庭に引き取られていった。

ここは、鹿児島県鹿児島市にある玉里団地。約3000世帯が暮らす、戸建ての多いエリアだ。1978（昭和53）年に地名ができたというから、かつての新興住宅街なのだろう。丘を宅地に造成したという風景だ。会場は、その中にある玉里団地福祉館。地域のコミュニティセンターだ。そこの広間で、上記の光景は繰り広げられていた。

地域のお祭り？　いや、こども食堂だ。

「森の玉里子ども食堂」

鹿児島県でもっとも早く開催されたこども

食堂として、県内ではよく知られている。

わが子に友だちができるように、と始まった

「ねーねー、なんでそんなにいっぱい書いてるの〜」と子どもが寄ってくる。私のメモに興味を持ったらしい。文字をいっぱい書いているのが驚きの様子。

あさひちゃん、小学2年生だ。

あさひちゃんは、このこども食堂の常連さん。3年前のスタート時から、ほぼ欠かさず来ている。それもそのはず。彼女は、ここを主宰している園田愛美さんの長女だ。

「ここは、どんなところなの?」と、聞いてみた。

「うんとね〜、楽しいところ!」満面の笑みで答える。

ごはんもおいしいし、食べ終わったら必ず遊ぶし。かくれんぼするんだ、でも、おにごっこはダメなんだよ、走り回るのはダメなの、と教えてくれる。ここにいるのは、みんないい人で、イヤな人はいない、という。印象に残っているのは、コーンスープと手づくりプリン。

人の目をまっすぐに見て、笑顔で話す、快活な子だ。

そのあさひちゃんが謎々でもかけてくるように聞いてきた。

「ねーねー、なんでお母さんがここを始めたか知ってる～?」

「え～知らない。なんで?」

「あさひにね～、友だちができるようになんだよ」

へー、そうなんだ……。

彼女は3歳まで保育園にいて、4歳から幼稚園に通った。保育園のとき、お友だちができなかったそうだ。今は? と聞くと、2クラス58人いる学年の子たちはみんな友だちだ、と胸を張って答えた。

よその大人に慣れていく

園田さんを見かけたときに聞いてみた。園田さんは2歳になる三女を抱っこして、福祉館の軒先にできたツバメの巣を見せていた。

「そんなこと言いましたか」

驚いた様子だが、あながち外れてもないらしい。

園田さんが「森の玉里子ども食堂」を始めたのは、次女が生まれた産休中だった。園田さんは小学校の教師だ。学校で気になる子がいても、教師の立場でできることは限られていると感じていたとき、報道でこども食堂を知り、これじゃないかと思って始めた。

が、あさひちゃんのこともたしかに一因ではあった。

「あの子、人見知りが本当に激しくて、初めての子だったし、心配だったんです」と園田さん。

案の定、初開催のときには、園田さんの足にしがみついて離れなかった。他の大人たちが怖かったのだろう。それが、月2回の開催を重ねるうちに、人に慣れていった。数ヶ月も経ったころには、あさひちゃんの姿が見えないと思ったら、「向こうでおじさんと遊んでるよ」と教えられるような状態に。

親や保育士しか見たことのなかった4歳の子が、他の大人に慣れていった。見慣れぬ人たちも、怖い人たちではない、と彼女は体験を通じて学んだのだろう。「みんないい人」には、7歳の子の人生経験を踏まえた実感が込められていたわけだ。

大学生とブラン・マンジェ

多様な人たちが出入りする空間の効用とは、このようなものだろう。

私も思い出す。

私の兄は身体障害者だ。その兄のおかげで、我が家にはボランティアの人たちが頻繁に出入りしていた。親でも学校の先生でもない大人との関わりは、私にとっては兄のボランティアさんたちによって提供された。

覚えているのは、たとえば有賀さんだ。彼は、よくうちに遊びに来てくれた。「大学生」は、私にとって新鮮な存在だった。親や学校の先生たちとは明らかに違う。かといって、近所に住む1つ2つ年上の「おにいちゃん」たちとも、数歳上のいとことも違う。大人でも子どもでもない青年期の人間とちゃんと接するのは、有賀さんが初めてだったと思う。

そして、彼が大学生だったことで、私は大学とは何かもよくわからぬまま、「大学生とはこういうものか」というイメージを持った。何年もの間、小学生の私にとって、大学生とは「有賀さんみたいな人たち」で、大学とは「有賀さんみたいな人たちが行っているところ」だった。彼が、私と大学および大学生という一般名詞をつなぐ存在だった。

高野さんというボランティアもいた。この人は、クリスチャンだった。食事のときに十字を切る。初めて見たとき「テレビドラマと同じだ」と驚いたのを覚えている。彼も男性だったが、料理をした。高野さんがつくってくれるババロアとブラン・マンジェは、あまり食事のレパートリーが多くない実用主義的な我が家で育った私にとっては、文字通り目を見開くほどのおいしさで、「高野さんが、次にいつブラン・マンジェをつくってくれるのか」は、私と兄の重大な関心事であり続けた。

私の父は、一切料理をしない男性だった。年に1〜2回、母親不在の日にインスタントラーメンをつくってくれたことがあるかも、くらいの記憶しかない。「男で料理する人もいる」ということを、私は高野さんから学んだ。

経歴も考え方も、イデオロギーもマナーも違う人たちと

有賀さんや高野さんとの関わりは、幼い私に、世の中には親と学校の先生以外にもいろんな大人たちがいて、その人たちとつきあうことはなんとなく楽しいことなのだという感覚を植えつけた。後年、大学生になった私は、同じような年齢の人たちに囲まれて過ごすのが物足りず、学外のボランティア活動に没頭していく。

ボランティア活動の現場には、元プロボクサーのおじさんがいて、酪農家を志すフリーターがいて、非正規で働いている女性がいて、父親と同居しているという独り身の中年女

性がいた。経歴も考え方も、イデオロギーもマナーも異なる雑多な人たちとともに過ごすのが、自分の性分に合っていると感じていた。その延長線上にホームレス支援があり、そこから紆余曲折があって、今の私がいる。

「東京大学まで行きながら、なぜホームレス支援なんかを始めたのか」「官僚とか商社とかに勤めようと思わなかったのか」とよく聞かれてきた。以前はうまく答えられなかったが、こども食堂に関わるようになって、あさひちゃんのような子どもたちを見ていて、思う。障害を持った兄のおかげでいろんな人たちと出会い、それが多様性をおもしろがる私の根っこをつくったのではないだろうか。

「社交性」とか「コミュニケーション能力」とか、難しく言えば「非認知能力」という、学校の教科には必ずしも反映されないが、人が生きていく上で欠かすことのできない能力と言われるものがある。それを私が人並みに持てているとして、その原因は、あの親とも学校の先生とも違う大人たちとの関わりにあったのではないか、と今は思う。それは、経済的に困っていてもいなくても、すべての子どもの育ちに必要なものだ。

あさひちゃんもきっと、多様な人たちとの関わりをおもしろがれる、異なるものに開かれた大人になるのではないだろうか。

こども食堂で、「知り合う」「関わり合う」

あさひちゃんと話していたら、めいちゃんとさくらちゃんが寄ってきた。中学1年生と小学3年生の姉妹だ。さくらちゃんは、私が「まじめ」な質問をするので、早々に興味を失ってしまい、受け答えは主にめいちゃんがしてくれた。

めいちゃんによれば、最初のころは人が多くてちょっと大変だったが、最近は「(市内の)他にもこども食堂ができてきたから、そっちに行く人たちが増えて、(ここが)よくなった」のだそうだ。以前はちょっと混雑しすぎだったと言いたいのだろう。姉妹で来てるの？　と聞いたら、「前は友だちが来てくれてたんだけど、転校しちゃった」とのこと。めいちゃん自身も、中学生になってからは、部活と塾であまり来られなくなっている。今日は、たまたま部活が早く終わったから来られた。塾は5教科受けているというから、中学生は忙しい。「友だちも、塾に行ってる子多いよ」とめいちゃん。

話していると、めいちゃんはここを題材にした社会科の自由研究で市の賞をとったんですよ、とボランティアの方が教えてくれた。

へーすごいね。何を書いたの？

こども食堂は、いろんな人が集まっていて、おじいちゃんおばあちゃんもいて、いろんな人と触れ合えるところだ、と書いたという。他の学校の子や、高校生や大学生の人たちとも知り合える、と。本人は、小さい子と遊んであげるのが好きだという。かわいいから、と。妹はわがままでうるさくて、かわいくないらしい（笑）。

この話、こども食堂に来ている子どもや大人から、本当によく聞く。誰にとっても、こども食堂は「知り合う」「関わり合う」が一番の魅力になっている。

「ここに学校の友だちを誘ったりする？」と、めいちゃんに聞いてみた。「するけど、『時間がないから行けない』って」とめいちゃん。たしかに「時間がない」のかもしれないが、もしかしたらこども食堂のイメージが行くことを妨げているのかもしれない。

こども食堂には、まだまだ「貧困の子を集めて食事をさせるところ」という誤ったイメージがついて回っている。「ウチは行く必要ない」「よくない子とつきあうようになるんじゃないか」と心配して、親が行かせないという話を聞くこともある。

親たちがこども食堂デビューを果たすとき

ここに来ている親たちはどう思っているのだろうか。

10歳と5歳の子を連れてきていた安藤みわこさんに聞いてみた。

安藤さんは、去年引っ越してきた「新住民」だ。戸建ての多い玉里団地だが、住んでいるのは70代80代が多く、「案外、近所づきあいがないな」と感じたという。70年代に造成された新興住宅街というのは、そういうところがある。当時30代で「マイホーム」を手に入れた人たちが総じて老いていく。子どもたちは独立して、もう一緒には住んでいない。田舎の人間関係を煩わしいと多くの人が感じ、そこから解放されることが「現代的」と考えられていた時代だったし、実際、働き盛りで時間もなかった。気づいてみたら、近隣とのつきあいの乏しい高齢者ばかりの街になってしまったという話は、全国の都市部郊外に共通している。

安藤さんが「森の玉里子ども食堂」を知ったのは、福祉館の小さな図書室に子どもを連れてきたとき、貼り紙を見たのがきっかけだった。見ていたら、それに気づいた福祉館のスタッフがチラシを手渡してくれた。子どもに聞くと、「行きたい、行きたい」と言う。子どもも居場所が欲しいのだろうと感じた。

でも最初は、大人は行っちゃいけないのだろうと思った。だから初回は、子どもを置いて、自分は帰った。しかし、帰ってきた子どもに聞くと、大人も来てたし、親子連れもいた、と言う。そうなんだ、じゃあ自分も行ってみるかなと思った。が、すぐには行けなかった。さまざまな疑問がわいてくるからだ。

この食材はどこから来ているのか？　森の玉里子ども食堂の食費は、高校生までは無料、大人300円。食事を安く提供できるのはなんで？　何か「バック」がついてる？　下心がある？――初めて知らない場所に行くときには、そういうことが気になってしまう。それで森の玉里子ども食堂のフェイスブックをチェックして、会場の雰囲気や、食材を寄付や会費でまかなっていることを知り、安心した。

それでもまだ心配は尽きなかった。大人も来ていたと子どもは言ったが、本当に自分も行っていいいんだろうか？　という疑問は消えなかった。「こども食堂」には、経済的に余裕のない「ひとり親」のイメージがついていた。来ていた大人たちは、ひとり親家庭の方たちではないのか。ふたり親家庭の自分が行ってもいいのか？

結局、主宰者の園田さんに電話して確認をとった。そこでようやく安藤さん自身の「デビュー」となった。

実は以前住んでいたところの近くにもこども食堂はあり、安藤さんも知ってはいた。しかしそのときは「デビュー」には至らなかった。今回は、ふだん行っている福祉館で開催されていたこと、福祉館スタッフがチラシを手渡してくれるような「公認」の活動だという安心感が後押ししてくれたのかもしれない。これが一軒家でやっているこども食堂だったら違ったかも、と安藤さんは言う。

ほっこりして、和気藹々にアテられる

来てみて、どうだったか。

「やっぱり、現場を見てみると違いますね」と安藤さん。彼女もまた、「森の玉里子ども食堂」が、主宰者の園田さんを中心に醸し出す、このほっこりして和気藹々とした雰囲気にアテられた一人だ。結局、そのまま常連となり、今はちょっとしたお手伝いを進んでするようになっている。

「みなさん、仕事しながらこの食堂の準備をされていて、大変そう。私は日中、家にいる主婦なので、倉庫から食器を福祉館に運んできたり、長机をセッティングしたり、昼間できることがあれば、たまにやってます。やれるときだけですけどね」

安藤さんにとって、「森の玉里子ども食堂」の魅力はなんだろう?

「やっぱり、夜ご飯をつくらなくていいことですかね」と、安藤さんは笑う。ふだん夕食は、安藤さんと子ども2人の3人で食べている。夫の帰りは遅いことが多く、食べてくる日も少なくない。必ず夫の分もつくっておくが、食べるのか食べないのか、帰ってくるまでわからない。「食べる」にお休みはなく、毎日毎日それが続く。

そんな中、月2回の「森の玉里子ども食堂」は、安藤さんにとっても、一息つける場所

になっている。みんなが子どもを見てくれる、ボランティアや参加者入り交じっておしゃべりができる、ひとりで「晩ごはん、なにつくろう」と考えることから解放される。子どもが家では食べないような野菜などを食べてくれる。加えて、森の玉里子ども食堂の調理ボランティアの中心メンバーは、ふだん仕事で保育園の調理師を務めている方だ。食事については定評があるし、フェイスブックにもおいしそうな「今日の食事」が紹介されている。

「いろんなものが食べられて、季節の物を入れてくれて、種類もたくさんある」と、安藤さん自身も、ここの食事を楽しみにしている。

ママたちにとっての居場所

こども食堂が、親たち、特にママたちにとっての居場所となっていることは、こども食堂の人たちの間ではよく知られた「こども食堂あるある」だ。飽きっぽい子どもたちをヨソに、最後まで帰りたがらないのはお母さんたちだ、という話はよく聞く。

しかしこの話、あまりウケがよろしくない。

「母親を甘やかして、家庭力を下げる」と、顔をしかめられるのだ。

ひと手間ふた手間かけるのが母親の愛情なのに、最近は中食だの冷凍食品だのばかりで手を抜く母親が増えた、包丁すらない家もあるというではないか。そんな中、こども食堂みたいなところで「食事をつくらなくていい」状況をさらに増やしてどうする、そんなことだから子どもが健全に育たない、などなどだ。

一理ある。

中食も外食も、コンビニも冷凍食品も一般的ではなかった私の小さいときは、簡単でも母親がご飯をつくってくれていた。うちの両親は共働きで、母親に余裕があったわけでもなかったが、そういうものだったし、他に方法もなかった。豪華でなくても手をかけた食事、食卓での親子のだんらんは、大事だ。すべての子に、家庭でそれらがきちんと提供されれば、すばらしいと思う。

もしも、サザエさんとタラちゃんがずーっと2人きりだったら……

同時に、こういうこともある。

昔の家庭の象徴といえば「サザエさん」だが、サザエさんはしょっちゅうフネさんと一緒に台所に立っている。「おばあちゃんに手助けしてもらっている」わけだが、あれを見て、サザエさんは甘やかされてけしからん、という声は聞かない。でも今、おばあちゃんと一緒に暮らす3世代同居は極端に減り、全世帯の5・1%程度になった。

タラちゃんはいつもカツオやワカメと一緒にいるが、カツオやワカメはタラちゃんの「おじさん、おばさん」だ。今、おじさんおばさんと同居している子どもは、あまりいないだろう。今の家庭には、波平もフネさんも、カツオもワカメもいない。

「サザエさん」では、サザエさんとタラちゃん2人きりのシーンを見ることは、ほとんどない。いつも他の誰かが一緒だ。6時半に「サザエさん」が始まってから7時までの30分間、ずーっとサザエさんとタラちゃん2人だけのシーンが続いたら、私はきっと心配になってくるだろうと思う。サザエさんしか知らなかったら、タラちゃんはどんな大人になるのだろう?（タラちゃんは50年経ってもきっと3歳のままだろうが）ずーっとタラちゃんと2人きりだったら、サザエさんに「お魚くわえたドラ猫」を追っかける元気は本当に出てくるだろうか？ など。しかし、現実の「ワンオペ育児」は30分どころではない。ずっと、時には一日中が、毎日つづく。

包丁くらいは家にあったほうがいいだろうし、手間をかけた料理も大事だ。同時に、たまには「お休み」もあったほうが、お母さんたちもふだんもっとがんばれる、つまり家庭力は上がるのではないだろうか。

「愛する」と「休む」は両立する

この「お休み」については、最近強く思うことがある。

一昨年、当時78歳の私の母が要介護になった。今までそれなりに元気だったが、兄の入院を機に精神的にまいってしまったことが大きい。私の家族は、父がすでに20年前に他界しているので、父に頼ることはできないし、兄も障害者だ。まだ大したことは何もしていないが、私もついに介護者（ケアラー）の仲間入りをした。

親の介護が始まったと言うと、みなさん強く同情してくださる。「大変ですね」と労《ねぎら》ってくれたり、「ウチのときはね……」とご自身の介護経験を語ってくれたり。そして必ず「しっかり休んでくださいね」と言ってくれる。ありがたい。

同時に思う。「人のお世話をする」のは介護も育児も変わらないはずなのに、育児だとそうは言われないのはなんでだろう、と。

「子どもの成長は何よりの楽しみ」のはずと言えば、それはそうだろうとは思う。しかし、どれだけ愛していたって、一年中休みなしだと、疲れるときもあるだろう。介護の場合は、それが話題にしている人たちの前提（共通了解）になっている感じがある。だから「大変ですね、しっかり休んでね」となる。ところが育児だと、「休みたい？　あなた、子どもが可愛くないの？」という感じになる。

この差はなんなんだろう？

別に私も親を愛していないわけではないが、休みたい。子どもを愛しているが、休みたい、というときもあるだろう。「愛する」と「休む」は両立する。でもなぜか、子育てには「休みたい」と言いづらい雰囲気があるように感じる。

最近は「働き方改革」が叫ばれている。長く、休みなしに働けばいいというものではない。よりよく働くためには、しっかり休みもとるべきだ。そのほうが長い目でみれば効率がいいし、休み中に仕事以外の人と関わったり、見聞を広めることは、仕事をする上でのアイディアも豊かにする。そう言われているし、私もそうだろうと思う。

「仕事が好き」と「週休2日欲しい」は、両立する。

一般の職場だけでなく、かつて「聖職」と言われた教師ですら、長時間労働が問題になっている。生徒を愛していれば、プライベートも生徒のために使って惜しくないはずという、かつての「金八先生」や「熱中先生」のようなドラマは、もうやっていない。だからといって、それは教師が生徒を愛さなくなったからだ、とは聞かない。「生徒が好き」と「ちゃんと休める勤務体制を」は、両立する。介護も、会社も、教師も、『愛する』と「休む」は両立している。

子育ても、早く両立して捉えられるようになるといいと思う。

「頼られる」「相手する」「お世話する」で、成長する

とはいえ、これは「外野」の話。お母さんたちの間では、「愛する」と「休む」が両立することは前提（共通了解）になっている。

6歳と3歳の姉妹を連れてきて、カブトムシをゲットした鈴木ようこさんも、だから「ご飯をつくらなくていいのは、大きいですね。その分、子どもと話せる時間が増えるし」と、明るく語る。「みんな言ってますよ」とも。

鈴木さんにとって「森の玉里子ども食堂」は、ママ友とのおしゃべりを楽しむ、いくつもある場の一つだ。地元では、公園とかママ友の家で話す。ここには車で10分かけてきて、ここで会う友だちと話す。彼女にとって、こども食堂は、公園とかママ友のお宅みたいな場所なのだ。ただ、公園やママ友のお宅とちょっと違うのは、ここは子どもたちが異年齢集団で遊ぶということ。鈴木さんは「それが大事」と話す。

そう言えば、めいちゃんも言っていた。小さい子と遊んであげるのが楽しいって。

小学校低学年までの小さい子たちは、高学年～中学生くらいの「おにいちゃん、おねえ

ちゃん」に遊んでもらう。そしてその子たちは、高校生や大学生の「おにいちゃん、おねえちゃん」に遊んでもらう。まだ大人になる前の子どもたちが「頼られる」とか「相手をする」「お世話する」という感覚を得て、期待に応えようと成長する。鈴木さんは、きっとここで、家で妹と過ごすのとは違う、長女の成長を実感しているのだろう、と私は思った。

地域の「子ども会」と違う「ゆるさ」

しかし、地域の人たちが集まる交流の場、異年齢の子どもたちがお互いにもまれる場なら、子ども会があるはずだが、それはどうなっているのだろう。「隣人の顔もわからない」という大都市部ならともかく、県庁所在地とはいえ鹿児島市ならば、それなりにまだ地縁のつながりはあるのではないか。

「地元では、『あいご会』はあまりやってないですね」と言ったのは、鈴木さん。鹿児島では子ども会のことを「あいご会」と言うらしい。

他方、「たしかにありますけどね……」と若干言葉を濁したのは、先ほどの安藤さん。けど、なんですか？　ここと違いますか？

「全然、違いますよ！」

安藤さんによれば、こども食堂とあいご会の最大の違いは、やりたくてやるか、やらされるか、だ。あいご会やＰＴＡは、一人一役で回ってくるもの、義務であり、他方こども食堂は、来られるときに来て、やれる範囲で関わるものだ。もちろん、コアメンバーともなれば、こども食堂だって「来られるときに来る」では済まなくなることもわかっている。だから、自分で立ち上げるのは大変だとも感じている。両者の違いは、おそらく今の安藤さんのような関わり方が「許されている」「認められている」と、本人が感じられるかどうかだろう。

そのあたりの見解は、「森の玉里子ども食堂」にボランティアとして関わっている前田りなさんも同意見だ。前田さんには「あいご会」の副支部長をした経験がある。

「すっごい大変だった」そうだ。

自分の住んでいる、子どもがこれからも何かとお世話になる地域だから、他のお母さんたちの目が気になる。とてもではないが、やりたくてやっているという感じはなかった。他方ここは、開設することを新聞で知って、開設2回目に参加して、それ以来、毎月2回、ずっと来ている。月2回だから無理がないのかもしれないが、それだけではないような気もする。

やはり、ここの持っている「ゆるさ」だろう、と言う。

「やりたい」と「やらされている」の間

こども食堂は、子ども、親子、地域の高齢者が集う場だ。現場の様子は、地域の集まり・お祭り・そして子ども会に似ている。地域の集まりも子ども会も、もとはと言えば、やりたくて始めたもののはずだ。だが、時を経て、やることも役割分担もルーティン化してくると、いつの間にか、やりたい人に役割を与えるのではなく、役割に人をはめ込むようになる。

そうなると、しんどい。

そしてしんどい中をやってきた人には「自分もしんどい中、やってきたんだから」と、次の人、次の次の人に厳しくなる傾向がある。

そうなると、さらにしんどくなる。

自治会やPTAや子ども会が「そういうもの」で、こども食堂は「そういうものではない」わけではない。こども食堂だって、時間が経てばそうなっていくかもしれないし、すでにそうなっているこども食堂もあるかもしれない。どんなグループも組織も、いつも常に、「やりたい」と「やらされている」の狭間に立って、どちらに転んでもおかしくない状態にあるのだったら、両者を分けるのはなんなのだろう？

みんなが運営者で、みんなが参加者

思いがけず、そのヒントをくれたのは、「森の玉里子ども食堂」に通ってきている高校生だった。

「ここは『バックヤード』がないんですよね」と平田ようへいくんは言う。高校3年生だ。

彼はもともと「取材」で、ここに来た。去年、所属する放送部でコンテストに出す番組制作の素材を探していたところ、学校の先生が「森の玉里子ども食堂」のことを教えてくれた。ビデオカメラを持って、取材に訪れること10回。カメラを面白がる子どもたちを通じて、場になじんでいった。

「そのとき一緒に来ていた放送部の3人は、みんな末っ子だったんですよね。だから、小さい子たちとの関わりが楽しかったんだと思います」

そうして、取材が終わった後も、通ってくるようになった。学校では「資格をとって、就職」ということばかり言われるので、ここのように「ほんわかした場所」に来ると、

「こういう場所っていいよねえー」という感じになるそうだ。……ホント、今の子どもたちは忙しい。

しかし、それだけではない。

「森の玉里子ども食堂」の雰囲気は、彼に幼少期の地元を思い起こさせるそうだ。

彼は、鹿児島市でも端のほうの「田舎」の地区で育った。小さい地区で、通った小学校の学年70人のうち、自分の地区から行っているのは12人だけ。しかも男の子は彼だけとあって、放課後、一緒に遊ぶ同級生が近くにいなかった。彼は自然と放課後は「お兄ちゃんたちと遊ぶ」ことになった。山や川に入って虫を捕り、自分たちの「秘密基地」を造って遊ぶような子どもだったらしい。だから、「さっきのカブトムシは懐かしかった。今の子たちは、そういう遊びをしないんでしょうね」と大人びたことを言う。

そんな彼が、ここを見て思い出すのは、地区の公民館で開催していた夏祭りだ。長机が置いてあって、みんなで盆踊りして、子どもたちは相撲をとった。相撲をとるための土俵は、地区のおじいちゃんたちが草取りして、整備してくれた。みんなで一緒に企画して、みんなで一緒に運営している感じがあった。

それが、先ほどの「バックヤードがない」発言に結びつく。バックヤードでサービスを準備している人がいない。みんなが運営者で、みんなが参加者。「森の玉里子ども食堂」

の雰囲気は、彼に小さいころの地区の夏祭りを思い起こさせた。さすが放送部。よく整理されている。取材しながら、番組にまとめるために考え続けてきた結果だろう。

彼がそのことに気づいたのは、その夏祭りがなくなったからだった。

地区の少子化や高齢化が影響したのだろう、地区の夏祭りは、隣の「より都会的」な地区と統合され、小学校の体育館に会場を移した。お祭り自体は「立派」になった。ステージを組んで、出店があって……。でも、段取りをプロフェッショナルな人たちが組むようになって（その人たちが過ごしていたのが「バックヤード」だ）、参加者同士の交流は減った。

地区のおじいちゃんたちも出てこなくなった。運営者と参加者に分かれたのだ。自分たちは、用意された土俵で相撲をとった。「言われたとおりに相撲をとって、終わったら解散！　という感じでした」と平田くん。味気なかった。当時の彼は、そのことを「自分たちの地区が隣の地区に吸収された」と受け止めた。そのときに失われた何かが、「森の玉里子ども食堂」にはある。

「ここは、ごちゃっとしてて、いい意味で混ざり合ってるんですよね」

「お膳立てしない」というコツ

私は以前、埼玉県で「おとうさんのヤキイモタイムキャンペーン」を展開している「NPO法人ハンズオン！埼玉」常務理事の西川正さんと話したことがある。ひょうひょうとした方で、自分は好きでやっているだけとおっしゃっていたその彼が、場を盛り上げるコツとして教えてくれたことがある。

「お膳立てしないこと」

お膳立てすると、参加者が「サービス受益者」になる。人は、サービス受益者になったとたんに、文句を言い出す。この葉っぱは湿ってるだの、こっちの芋が少ないだの、火の始末はどうするのかと聞いてくる。

お膳立てしないと、参加者は「運営者」になる。そうすると、葉っぱが湿っていても、芋が少なくても、火の始末がわからなくても、その一つ一つが「だったら、その上でどうするか」を考える材料になる。そこに、ああでもないこうでもない、という「意見交換」が生まれ、大げさに言えば創意工夫が生まれる。子どもも「じゃあこうしたらいいんじゃない？」と口を出せる。たき火を囲んだ空間が、自分たちで運営すべき空間になり、自分はその担い手になり、場の運営が「我が事」になる。「お膳立てしない」という不作為は、だから場を盛り上げるために欠かせない作為、工夫なのだ、というお話だった。平田くんの話は、ここに通じる。

バックヤードにいる運営者と自分たち参加者に分かれたことで失われたもの、それは自分たちもこのお祭りを、ひいては地区を運営しているという「我が事感」だったのだろう。隣の地区に吸収された、自分たちの地区のアイデンティティが失われたと感じたのは、だからある意味で本質を見抜いていたと言える。

役割があり、担い手感がある

形骸化した組織には、「役職（肩書き）」はあるが「役割（担い手感）」がない。

自分が会長という役職についたとき、基本それまでにやってきたことを踏襲するだけということであれば、そこに担い手感は生まれず、担わされ感が生まれる。

逆に役職がなくても、自分もこの場を運営している担い手だという感覚があれば、その人は「いちボランティア」という肩書きであっても、担い手感をもてる。「森の玉里子ども食堂」に、多くの参加者が見出していたのは、この担い手感だろう。

平田くんの場合、その担い手感を象徴するのは、ある不登校の子との関わりだった。

実は彼自身が、中学校時代、不登校気味だった。彼は、小学校時代から少数派（マイノリティ）に属すると感じていたが、そのプレッシャーが中学校ではさらに輪をかける形で彼にのしかかった。彼にしてみると普通にしているつもりが「少し変わってる」と言われた。中学校に居場所を見出せなかった彼は、よく休んだ。「遅刻も欠席もない日は、中学校3年間で1年分なかった」くらいだ。

幸い、高校ではそれが解消した。平田くんいわく「高校はみんな変わっているのがよかった」。

ある日、園田さんにその「経験」を買われた。不登校の中学生が来たとき、どうしたらいいかと園田さんに相談された。「不登校のことに触れないのがいいんじゃないか」と彼は話した。かつての自分がそうだったから。そして、その子が集団に入れるように気を配った。自分も集団に入れるという経験が自信につながると考えたからだ。

「歩くのがゆっくりな人とは、ゆっくり歩くじゃないですか」

この「園田さんに頼られた」経験が、彼にとって大きな自信につながったのではないか、と私は聞いていて感じた。それまでマイナスの価値を帯びていた不登校経験が、誰かの役に立てるというプラスの価値を帯びることを、彼は理屈でなく、身体で学んだ。

だからだろう、平田くんは「ここにも障害のある子とか来てるけど、その人たちは『下の人』じゃなくて、自分と違う視点と感性をもった『すごい人たち』だと思うようになった」と言う。

そしてそのテーマで、今年はラジオ・ドキュメンタリーを制作した。コンテストの鹿児島県予選を勝ち抜き、全国大会に出場予定だ。「ふつうに接してもらいたいだけだと思うんです。特別扱いじゃなく。でも、ふつうに接せられるとついていけない。ちょっとゆっくり話せば、それで済んだりするんですよね」

「歩くのがちょっとゆっくりな人とは、自分もゆっくり歩くじゃないですか」

それだけのことだ、と。「自分より『下の人』っていないんじゃないかと思うんです。それが自然とできているのがここだと思います」

「役職」は、上下をつくる。「役割」は、それぞれのオリジナルな「処（持ち場、持ち分）」をつくる。

上下はないが、役割はある

「森の玉里子ども食堂」とは、このような場所だ。

そして「こども食堂」とは、このような場所だ。

人を年齢で割らない。何歳の人が来てもいい。子どもも、親も、地域の高齢者も。人を所得で割らない。年収いくら以下の人は無料とか、いくら以上の人は500円とか、割らない。そういう「タテにもヨコにも割らない」場所だから、上下がない。上下はないが、役割はある。

そのような場が、私たちの社会から減った。減っても、人々はそれを求める。ないなら、つくればいい。

だから「こども食堂」が生まれた。そして広がった。

その原点を、「森の玉里子ども食堂」は体現し続けている。

2 大家族のように

こども食堂 青空（福井県敦賀市）

「自由なんですよね」

子どもたちが30畳くらいの広間で追いかけっこしている。

大人からすると、何が楽しいのかわからないが、とにかく楽しそうに追いかけ合っている。追いかける側と追いかけられる側に分かれて、わーきゃー言いながら追いかけ合う。

そういえば、私も小学生のとき、秋田という友人とよく追いかけっこをした。休み時間中、たいてい私が追いかけ、秋田が逃げた。理由は特になく、そういう「役割」になって、ひたすら校内を走り回った。休み時間中ずっと走り続けていた。……子どもとは、そういう生き物なのだろう。

「なんでしょう、自由なんですよね」――その子たちを一緒に見守りながら、ここってどういう場所ですかと聞いたとき、杉田かよこさんは答えてくれた。彼女は３年前からここ「こども食堂　青空」の常連になっている。

青空のことは、上の子、りさちゃんが行っている放課後児童クラブ（学童保育）で知った。「こども食堂」という言葉は知っていたが、行ったことはなく、今ひとつイメージもわかなかった。貼り紙をみるかぎりでは、みんなで一緒にごはんを食べるのだと言う。「宿題しよう会」もあって、宿題を見てくれるらしいのも魅力だった。そして、お父さんお母さんもＯＫとある。行ってみようと思った。

筆者が訪問した2019年秋の食事。おかずがワンプレートに載せられ、他にごはん、おみそ汁、デザートがつく

しかし、杉田さんのところはひとり親家庭。母ひとりで小４のりさちゃんと小２のこうへいくん、２人の姉弟を見ている。仕事を終えて、２人を迎えに行ってから青空に行くとすると、18時からの食事タイムに間に合わない。どんなところかという不安よりも、とにかく行く時間がつくれるだろうかという悩みが大きく、不安や心配は二の次だった、と杉田さんは笑う。

そんな杉田さんにチャンスがやってきた。青空の開催日である水曜日に、仕事の休みが重なった。「今日、電話しないと多分ずっと行けない」と思い決めた杉田さんは、初めて青空に顔を出した。参加を歓迎されたのはもちろん、「次回から、間に合わなければ遅れて来てもかまわない、食事はとっておく」と言ってくれて、ホッとしてうれしかったことを覚えている。そのとき以来の常連だ。

「これだ！」とひざを打つ

「こども食堂　青空」(http://kodomo-aozora.org)は、福井県敦賀市にある。

敦賀市は、福井県南部（嶺南）に位置する人口6万5000人の町だ。「気比の松原」などの名所で知られるが、原発が多く立地している地域ということで記憶している人も多いかもしれない。青空はここで、2015年からこども食堂を開催してきた。2015年というと、こども食堂がマスメディアで話題になる前だから、全国的に見てもかなり早い。北陸地域では、初のこども食堂だと思われる。

立ち上げたのは、この地域で生まれ育った中村幸恵さん。ハスキーボイスが魅力で、浜田省吾が大好きな、「おねえさま」もしくは「あねご」という雰囲気の女性だ。使い込んだ四輪駆動のマニュアル車を「オートマなんてありえない」と言いながら運転している。

中村さんのきっかけは、愛読している『食べもの通信』という月刊誌に、こども食堂が取り上げられているのを見たことだ。食に関心があり、自分の子どもの食環境にも敏感な中村さんは「これだ！」と反応し、さっそく大阪・滋賀に視察に行き、地域で動き出す。

そこからは早かった。

地域の知り合いに事あるごとに話をもちかけ、仲間を増やしていった。青空の料理長を長く務めることになる「てっちゃん」は、コンビニでばったり出会ったときに、中村さんから口説かれたと言う。中村さんは、てっちゃんが以前やっていた居酒屋の常連客だった。が、コンビニでばったり会ったのは十数年ぶり。それが、ここで会ったが百年目、と料理の腕を買われて説得された。この話、中村さんの人柄、勢いをよく表している。他の人たちも推して知るべしということだろう。

そうして集めた仲間たちと始めた青空は、現在月2回開催。「三島町一丁目会館」という地域の会館で開催している。2019年暮れに、めでたく100回開催を迎えた。

中村さんは、こども食堂の開催日は緊張して食事がノドを通らない、と22時を過ぎる片付け終了まで一日中何も食べない。こども食堂を主宰しながら、こども食堂では食事したことがないという中村さんが、仲間たちと積み重ねてきた100回は重い。頭の下がる思いだ。

杉田さんが飛び込んできたのは、そんなふうにして開設・運営されてきたこども食堂だった。

「家とは違う子どもの力が引き出される」

「自由なんですよね」と杉田さんは言った。どういうことですか？

実はこうへいくんには強い母子分離不安がある。ＡＤＨＤ（注意欠陥・多動性障害）との診断も受けていて、学校に送った後、杉田さんが帰ろうとすると泣き喚くので、置いて帰るのが一苦労だ。それが、青空では早くにいろんな子どもや大人と遊べるようになった。安心できる空間かどうか、こうへいくんは鋭敏に嗅ぎ分けているわけだ。

「ここは、家とは違う子どもの力が引き出される。ウチの子だけじゃなく、ヨソの子を見ていても、そう思う」と杉田さんは言う。

家だと、ここまで自由にはさせてあげられない。走ると、階下の住人に迷惑じゃないかと考えて注意してしまう。何をしているか気になるので、どうしてもチェックする目線、注意する目線になってしまう。それが青空だと、子どもをもっとのびのび遊ばせられる。

何より、子どもらが楽しそうだ。こども食堂を楽しみにしていて、行きたがる。青空の開催は毎月第1・第3水曜日。市内にもう一箇所ある「子ども食堂　おひさま」は第2・第4水曜日。子どもらにとって毎週水曜日はこども食堂の日だ。たまにある第5水曜日は、だから不満なのだと言う。

「なんで今日はこども食堂がないの」と。

楽しみにする気持ちは、杉田さん自身も同じだ。家だと、子どもらと常に一緒で、離れる時間がない。ここだと、子どもたちが勝手に遊んでいてくれて、でも高校生や大学生、それに地域の大人たちが見ていてくれて、自分は安心して子どもたちと別々の時間を過ごせる。気分が「上がって」いるからか、ここだと全然知らない人とも話ができる。自分も最初の頃は全然知らない人から声をかけてもらったし、今では全然知らなくても、新しく来た人に自分から声をかける。

「ヘンな気のつかいかたをしなくていいところがいい」と感じている。「家族みたい」とも。

他だとそうはいかないのか。

地域はどうか。杉田さんの住んでいる地域は、住民同士の関係性はそれなりに密ではないかと感じてもいるが、それでも敬老会や子ども会の開催は年に1~2回。毎月2回来られる青空のような「日常」感は、ない。

保育園とか子育て広場は？

「それもなかなか難しいんですよね」と杉田さん。保育園ではたしかにママ友がいたが、杉田さんのようにフルタイムで働いていると、なかなかゆっくりおつきあいする時間はとれない。子育て広場は昼間の開催なので、育休中は行けたが、仕事が始まると難しい。それに母親たちのグループができてしまっていて、少し入りづらい雰囲気もあった。

今、杉田さんは看護師として働いているが、子どものことがあるので8時半〜17時の日勤のみにしてもらっている。それでも、りさちゃんの通う放課後児童クラブの終わりが18時、こうへいくんの通う放課後デイの終わりが18時半だから、毎日がギリギリだ。それが、青空のある日は、主宰者の中村さんがりさちゃんを学童に迎えに行ってくれている。

最初は、夏休みの工作プログラムがあるときだった。子どもたちは行きたがったし、杉田さんも行かせたかったが、夏休みの特別プログラムということもあり、開始時間がいつもより早かった。仕事が終わってからだと間に合わない……。そんなとき、中村さんが「もしよかったら、迎えに行くよ」と言ってくれた。最初は、杉田さんが電話連絡した上で中村さんが免許証を提示するなど気をつかったが、今では親戚が迎えに行くような感じになっている。私が訪れたときも、中村さんは「ちょっと空けますから」と言って、青空の会場を抜けてりさちゃんを迎えに行っていた。

入学祝い金を受け取る

そんな杉田さんと青空の信頼関係があったからだろう、杉田さんは青空から入学祝い金の給付を受けた。

こうへいくんが小学校に上がるとき、「公益財団法人あすのば」の行っている入学・新生活応援給付金が話題になった。「あすのば」は、長く「あしなが育英会」で勤務してきた小河光治さんが子どもの貧困対策として立ち上げた団体だ。入学・新生活応援給付金は、全国の低所得家庭の小・中・高生などを対象に給付されている。

小学校に上がるときには、ランドセルから体操着・学用品とたくさんの費用がかかる。看護師として働く杉田さんは、それらを買い揃えられないわけではなかったが、それでも負担ではあった。

そのとき、中村さんが「実はうちもやっとる」と言った。「あすのば」に比べれば規模は小さいものの、青空も入学祝い金を用意していた。元はと言えば、児童相談所の一時保護施設から学校に通っている小学6年生が、中学に上がる際、「制服、買えるのかな」とつぶやいたのを聞いたところから始まったものだ。

中村さんは、それを今回杉田さんに使ってもらえないかと思っている、と伝えた。「善意の寄付金」を受け取るのは、実はなかなかに勇気がいる。私だったら「自分は大丈夫だから、他のもっと大変な人に回してあげてください」と言うだろう。人はなぜか他人は「他の人にどうぞ」とは言わないと思い込んでいるらしいが、そんなことはない。たいていの人は「もっと大変な人にどうぞ」と思う。必ずしも経済的に余裕がなくても、切り詰めてでも日々の暮らしを回せていれば、そう考える。杉田さんも同じだ。受け取れる人数が限られているとなればなおさらだ。

そのように思っているのに、受け取ってしまったら「自分はそうは思わない人」「他人から恵んでもらうのに平気な人」と周りから思われてしまうのではないかと心配する気持ちが生まれる。実際にそのような陰口を言う人がいるのも知っている。となれば、受け取るのは本当に勇気がいる。

日本では、ホームレス状態の人たちですら「物乞い」をしない。アメリカのようなチャリティ（慈善活動）が盛んな国と比べて、文化として根付いていないため、心理的ハードルが高い。近年徐々に変わってきたとはいえ、まだまだすごく特別なこと、という感覚がある。それは出す側（寄付する側）だけではない。受け取る側も同じだ。だから受け取る人＝すごく特別な人ということになり、自分はそこまで特別ではないと感じる。そのような心理的メカニズムが働く。

しかし、気兼ねしながらも受け取れる関係性がある。親族関係だ。家族や親戚であれば、日本でもその心理的ハードルはぐっと下がる。だから私は、杉田さんがこの入学祝い金を受け取れたのは、中村さんを始めとする青空スタッフとの信頼関係が大きく影響していただろう、と感じた。ふだん子どもを見てくれて、家族を気づかってくれて、子どものお迎えにも行ってくれている「血はつながっていないが、親戚みたいな人」からの申し出だから、受け取れた。

「家族みたい」と杉田さんが言うことと、杉田さんが入学祝い金を受け取ったことには、つながりがある。少なくない心理的葛藤を乗り越えられたのは、それだけ中村さんたちとの信頼関係の積み重ねがあったからだろう。

現代の大家族

こども食堂を「現代の大家族」と関連づけて語る人は、少なくない。

神奈川県川崎市には、そもそもの名前が「大家族ふるさと食堂」というこども食堂がある。受付・広報担当の小林真樹さんは、新聞の取材に「昔は同級生のお友達の家で、よくご飯を食べていた。そこはおじいちゃんにおばあちゃん、お母さんにお父さん、子どもたちと大勢でちゃぶ台を囲んで暖かい時間が流れていた。そんな昭和初期の家族を再現したかったため、大家族ふるさと食堂と名付けた」と語っている（「川崎西口に子ども食堂「大家族ふるさと食堂」　多世代交流を目指して」『川崎経済新聞』２０１７年12月11日、https://kawasaki.keizai.biz/headline/379/）。

宮崎市は、こども食堂を市内に広げていくプロジェクトを「地域のちゃぶ台プロジェクト」と名付けている。サザエさん家が囲むあのちゃぶ台を、家族で囲める家庭は、もう多くはない。だったら、地域で囲みましょうよ、ということだ。

映画監督の横尾初喜氏のショートムービー「あのね」（https://www.youtube.com/watch?v=2ExGct5BrR4）は、長崎県佐世保市のこども食堂「もくもく」の風景と、漁村の、今に残る大家族の風景を交差させた映像作品だ。ナレーションのない5分の映像は、こども食堂が「現代の大家族」の役割を果たしていることを雄弁に物語る。

すでに書いたように、３世代同居世帯は減り続け、５・１％となっている。政府は3世代同居促進の優遇税制などを打ち出しているが、そう簡単に増えるものではないことは、容易に想像できる。

昔に戻ることはできない。それに私自身は「昔がよかった」とも思わない。「家長」が絶対の権力を持ち、女性や子どもがその意思を十分に尊重されず、嫁・姑関係もいろいろと大変だった昔の大家族に戻ることが現代の目的、すべてのこども食堂の目指すところだとは思わない。だが同時に、子どもが両親しか大人を知らないような状態で育っていくことが好ましいとも思えない。しかも「カプセル母子」と呼ばれるほどの母子密着状態で。だとしたら、祖父母が近所に住んでいるくらいの感じで、毎日毎日顔を合わせるわけではなくても、何かのときにはちょっと頼めるくらいの人間関係が地域にあってもいいんじゃないか——こども食堂は、現実的にはそのあたりを目指しているのではないかと思う。

「こんにちは」で終わらない地域づくり

そのことを、滋賀県近江八幡市で「むさっ子食堂」を運営する石田幸代さんは「『こんにちは』で終わらない地域づくり」と呼んでいた。

近所で地域の人と顔を合わせれば「こんにちは」くらいは言う。それは大事なことだが「顔を知ってるだけ」だと、その先が続かない。その人ともう少し共有しているものがあれば、その先が続く。もう一言二言、共有できるものがあるような地域をつくりたい、ということだ。プライバシーもないような状態を目指しているわけではない。でも「顔を知ってるだけ」というのもちょっと寂しい。その間の「よい加減」を模索できないか、と。

このあたり大事だなあと思うのは、今後さらに子どもが減っていく中で、中山間地でも過疎地でも、また街中でもちょっと小さな地区単位・集落単位だと、すぐに「誰が誰だか、だいたいわかっているから、こども食堂とか地域食堂とか、そういう場所はなくても大丈夫」という話が出てくるからだ。

たしかに、ちょっと地方に行けば、もう子どもは地区に3人です5人です、というところは、それほど珍しくない。そういうところでは、見かければだいたい「どこの家の子だ」ということがわかる。だから、わざわざ知り合わなくても、もう知ってるから大丈夫、という話になる。

でも「知っている」と「関わっている」は、違う。

子どもや地域の人を「知っている」というのは「顔を見知っている」ということだろうが、ではその子が今学校に行っているか、親や地域のことをどう感じているか、何に興味関心があるのか、楽しく過ごしているのかつまらなくしているのかは、関わってみないとわからない。

こども食堂や地域食堂は、その「関わり」をつくる場だ。

だから「知っている」というのは、必ずしもそうした場をつくらなくていい理由にはならない。石田幸代さんの「『こんにちは』で終わらない地域づくり」は、そこを衝いてくる。「知っている」だけで十分ですか、と。

かつて一家の夕暮れ時に繰り広げられていた光景がある

「よい加減」の距離感を保つ「現代の大家族」。言いたいことはわかるが、そんなこと本当に可能なのか、という声が聞こえてきそうだ。だからこども食堂を知るべきだ、行ってみるべきだと私は思う。ここにその芽があるから、と。

青空にいると、そのメリットが縮図のように表れていると感じる。

子どもたちは、16時くらいから会館にやってくる。まずは1階の多目的室で遊ぶ。30畳ほどの広めのスペースに、汚れないようにブルーシートを敷いて、そこで用意された本を読んだり、おもちゃで遊んだり、走り回ったりしている。その時間、2階では厨房で地域の女性たちが料理をつくっている。

1階で子どもたちの相手をするのは、主に高校生や大学生、それに若い社会人だ。高校生は、もともとここに通ってきていた人たちなどで、大学生は近くの敦賀市立看護大学の学生たち。社会人はユーチューバーが青空を取り上げた映像を見て、ボランティア希望者

食事の準備中、厨房でお手伝いする子どもたち。この日はデザートのお菓子をこねて丸める作業。手伝っているんだか、遊んでいるんだかわからない感じ（筆者撮影）

として来た。

1階の空間は、ユーチューブがきっかけで来たやさしい青年が子どもと遊びつつ全体を見渡し、大学生や高校生が子どもたちにまとわりつかれながら、一緒に本を読んだり、けん玉で遊んでいたりする。その周りを追いかけっこして走り回る子どもたちがいて、ときどき他のグループにちょっかいを出したり、本を読んでいた子が追いかけっこに参加したり、その逆になったりする。

もちろん、多目的室におとなしく収まっているわけもなく、正面玄関から多目的室に続く廊下も、2階へ上がる階段も、すべてが遊び場だ。子どもたちは追いかけっこしながら階段を駆け上がり、厨房に顔を出して、「今日は何⁉」と調理ボランティアに声をかけたり、つまみ食いしようとして怒られたり、料理のちょっとした手伝いをしたりする。

一家の夕暮れ時に見られた光景が、会館を舞台に繰り広げられている。

「みそっかす」という知恵

こうした空間が重要だと考えるのは、何も「『昭和』を懐かしみたいから」ではない。こうした空間が子どもの育ちに重要な役割を果たすと考えるからだ。

たとえば、異年齢集団での遊び。

青空参加者の年齢構成をたしかめてみると、20代後半の社会人から、大学生、高3、高2、高1、中3、中2、中1、小6……と、ほぼ切れ目がない。そして小学校中〜低学年の子たちが「たくさん」だ。こうして異年齢集団で遊んだり、厨房に顔を出して地域の人たちと関わったりする経験は、今となっては貴重だと思う。

1970年代後半に東京郊外のベッドタウンで小学生時代を過ごした私のような50代にとって、異年齢集団で遊ぶのは「日常」だった。あの頃は、1年違うだけで「人生の大先輩」に見えたし、苦手な人もいたが、自分なりに相手の特性を踏まえて、それぞれとの間合いを計っていたように思う。

象徴的だったと思うのは「みそっかす」だ。

私たちはよく「ドロケイ」という、子どもたちが泥棒チームと警察チームに分かれる追いかけっこをした。異年齢で遊んでいると、2つに分けたチームの中に、年齢の小さな子どもが交じる。その子は、私たちに比べて走るのが遅いので、同じルールで遊ぼうとすると、その子ばかりが簡単につかまってしまう。そこで、その子は「3回つかまるまで」とか、あるいは「何度でも」とか、とにかくつかまっても相手チームにとられなくてよい、という独自ルールを適用する。その独自ルールを適用された者のことを、私たちは「みそっかす」とか「おみそ」とか呼んでいた。

「みそっかす」と言えば、言葉の意味としては仲間はずれにすることだが、私たちはそうではなく、一緒に遊ぶための知恵・工夫として、この言葉を使っていた。実際それで、その子もわーきゃー言いながら、警察チームから逃げ回っていたものだ。神戸ではこの知恵・工夫を「たまご」と呼ぶらしい。「ほうらっきょ」と呼ぶ地域もあると聞く。地域によって呼び名はさまざまのようだが、異年齢集団で遊んでいれば、全国どこでも、こうした知恵と工夫が生まれていたんだろうと思う。

子どもはみんなで遊べるルールを創造する

これは、考えてみると、すごいことだ。

異年齢集団とは「多様な人たち」ということだ。多様な人たちが集ったとき、うまく全体のルールに乗れない人が出る。そのとき、私たちはその人（子）のために独自ルールを適用して、その人も含めてみんなで遊んでいた。しかも「3回までOK」なのか5回なのか、それとも何度でもなのか、その人に合わせて「よい加減」のところにルールをカスタマイズしていた。

これは、堅く言えば、こういうことになる。

うまくルールに乗れない人がいたときに、その人を除け者《の》にすることで課題を「解決」するのではなく、その人も乗れるルールを、ときに独自ルールを編み出し、一緒に楽しく過ごせる時間を創出する。

「うまくルールに乗れない」と言うと、何か「乗れない人が悪い」ように聞こえるかもしれないが、そうではない。単に「私たちのあたりまえが通用しない」ということだ。小学5年生のあたりまえを1年生に求めるのは無理がある。「私たち」のあたりまえ（常識）が通用しない「誰か」がいるという状況で、その「誰か」を排除せずに済むように工夫する——異年齢集団で遊ぶとは、つまりこうした体験を積むということだ。

「多様な人たちといかに協働するか」

そしてこの年下の子は、いろんな人に置き換えることが可能だ。障害のある私の兄だったり、外国籍の子だったり、習慣や文化の異なる人たちだったり。つまり異年齢集団で遊ぶとは「多様な人たちといかに協働するか」というテーマに関わる原体験のようなものだ。今、私たちは多様化する地域・社会・世界の中で、「多様な人たちと協働できる人材をいかに育成するか」に躍起になっている。テストの点数がよくても、社交性やコミュニケーション能力が高くないと会社で活躍できない、と言われるのは、多様な人たちとのチーム作業（協働作業）ができなければ、結局仕事の生産性は上がらないからだ。自分たちの「あたりまえ」にこだわるだけでは展望は開けない。意外なところとの掛け合わせができないと、イノベーションも生まれない。

異年齢集団での遊びは、こうした「多様な人たちと協働する」ことへの素地を、子どもたちの中につくっていく。それは、なんとかできることなのだし、楽しいことなのだ、と。

加えて、ボランティアのお兄さん、お姉さん、地域の高齢者との交流は、子どもたちが許容できる多様性の幅をさらに拡張させていくだろう。大学生と遊ぶことで、自分にとって大変なことが、青年たちにとっては何でもないことなのだという体力差・体格差に圧倒されたり、高齢者と接することで、たとえば高齢者にとっては立ち上がったり座ったりするのが結構大変なんだということを知るようになる。

こうした空間は、必ずしも自分のあたりまえが通用しない人たちと出会ったときに、自分のあたりまえとその人のあたりまえの間にある距離を測定し、そこに橋を架けるという体験に、子どもたちを慣れさせる。ひとことで言えば、それぞれに異なる多様な人たちとの距離感（間合い）を計り、それに対処できる（少なくとも試行錯誤できる）人を育てる。

さんざん言われる「グローバル人材」も、結局はそのような人のことだ。京都大学総長だった松本紘さんは、以前にこう言っている。「英語が話せて、ビジネスですぐ世界に飛び出せる人のことではない。日本人の価値と自分の思想。次に異文化を理解し、吸収できる力。そして、相手を理解し、自分の思いを伝えるための言葉。この『異《い》』『自《じ》』『言《げん》』の三つがグローバル人材の条件。この三つをどれだけ持っているかでその人材の価値が決まる」（『朝日新聞』２０１４年4月25日）。たとえばアフリカの村に行って、言葉も習慣も文化も異なる人たち（自分のあたりまえが通用しない人たち）と、一緒にプロジェクトを遂行できるような人だ。

こども食堂で〝地縁〟をとりもどす

このことは、逆のケースを考えてみると、さらにはっきりすると思う。親との関係性しか知らずに育った子がいるとする。その子は、親との間合いしか知らない。大人になったとき、多様な人たちとの関係性構築に支障が生じ、苦労することになってもおかしくないだろう。

近年、「モンペ（モンスターペアレント）」とか「キレる若者」とかが話題になることがあるが、私はこうした空間が地域と社会から失われていったことも、要因の一つにあるのではないかと思っている。

実際私も、過度にへりくだっていると見えていた人が、何かの拍子に急に居丈高になる場面を見ることがあるが、そうしたときには「ああ、この人は多様な人との間合いに慣れていないのかな」と感じる。間合いがわからないから、過度に下手に出たり、逆に上からになったりする。距離感がつかめないから、近づきすぎたり、逆に遠ざかりすぎたりする。

何十年と続く核家族化と地縁の衰退は、世の中の現代化・個人化・高度化を進めてきた私たち自身がもたらしたものだった。でも、それがもたらすデメリットもあるのだとしたら、それを改善していくのもまた私たちだろう。こども食堂は、そうした課題を乗り越える人材を育成する場だとも言える。

だからこれは、昔（昭和）を懐かしむという話ではなく、これから（未来）に備える話だ。いま失われつつある、かつてはあたりまえだった場が、これからに必要とされているというのは皮肉な話だが、しかしそれは「私たちにはその経験がある」ということでもある。こども食堂は、その経験をもつ人たちが、失われつつある現在に抗い、未来にその場を残そう、復活させよう（ただし、誰も除け者にしない形で）という活動だとも言える。

こども食堂は子どもの貧困対策の文脈で語られがちだが、こうした体験は経済的に困っていない家庭の子にも必要なものだ。だから、こども食堂は、その場に来るすべての子にとって有益な場だ。それゆえ、私が理事長を務める「NPO法人全国こども食堂支援センター・むすびえ」は、すべての子がアクセスできるような近さに、こうした場所のあることが、社会のために必要だと考え、「こども食堂が全国のどこにでもあり、みんなが安心して行ける場所となるよう環境を整えます」というミッションを掲げ、「2025年までに全小学校区2万カ所にこども食堂がある地域と社会の実現」を目指している。

いろいろな人たちとの間合いをつかんでいく

りさちゃんはこの日、敦賀市立看護大学の学生にベッタリだった。聞けば、友だちとうまくいかないとき、何か思いがけないことが起こったときは、ひとりで閉じこもるようにして、なかなかご飯を食べに2階に上がってこないこともあるという。

だからこの日、中村さんは大学生に頼んで、りさちゃんに声をかけてもらった。そのことがうれしいのか、りさちゃんはこの日ずっと上機嫌で、私にもちょくちょく絡んできた。夜も、みんなが片付けしている脇で、最後の最後まで帰りたがらず、会館の玄関先で寝そべって「抵抗」し、大人たちを笑わせたり、困らせたりしていた。

それを、杉田さんは母親として少し呆れながらも厳しめに、中村さんは伯叔母さんのような立ち位置から諭すように、そして学生さんはあくまでやさしくにこやかに微笑みながら、対応していた。りさちゃんはこうして自分の一つの行動が三者三様の反応を引き出すことを、その中心にいて体感している。それがりさちゃんの中に、いろんな人たちとの間合いを知る経験として蓄積されていくだろう。

時間は22時を過ぎていた。これから最後の後片付けをして、会館を閉め、鍵を返却して、荷物を倉庫に積み込む。すべてが終わるのは23時だ。

こうした営みを、青空は１００回積み重ねてきた。
そして全国５０００のこども食堂でこのような営みが日々積み重ねられている。
こうした場が、全国に広がることを願わずにはいられない。

3　多世代交流拠点としてのこども食堂

子どもを中心に多世代が集う場所

こども食堂は、子どもからお年寄りまで多くの世代が交流する拠点になっている。本書をここまで読んできてくれた方なら、そう聞いてももう違和感はないだろう。しかし、この現実、まだまだ知られていない。

こども食堂は、しばしば「食べられない子が行くところ」と言われるが、そのイメージは誤解を招きやすい、ミスリーディングなものだ。埼玉県の「子ども食堂」実態調査によれば、8割のこども食堂が対象となる子どもを限定していない。どんな子が行ってもいいのだ。

逆に言えば、2割は対象を限定している。つまり「食べられない子が行く」こども食堂

子ども、その親、そして地域の人たちが集う地域交流拠点・多世代交流拠点として、こども食堂は機能している（むすびえ提供）

はゼロではない。ただし少数派だ。しかし世間は、その少数派が「こども食堂の全体」だと思ってしまっている。それは「多世代交流拠点としてのこども食堂」を見えなくする。実際にはそのように運営されているこども食堂のほうが多いのに。

その弊害は、単に「実態が正しく伝わらない」というだけではない。「多世代交流拠点としてのこども食堂」が見えなくなることで、世の中から失われてしまう「価値」がある、と私は考えている。だから、第一章ではその側面を取り上げた。この節では、その「価値」について、改めて考えてみたい。

「みんなおいで」

仮にこども食堂が「食べられない子が行くとこ

ろ」だとして、運営者はどうすればその子にアプローチできるだろうか？　運営者は、一民間人だ。行政職員と違って、個人情報を持っていない。どこの子がいくらの所得の子か、わからない。

では、地域全体に向かって「食べられない子、おいで～」と呼びかけるか。そんなことをしたら、そういう子がいたとしても、行きづらいだろう。親はなんと思うだろうか。「ほら、行っといで」と言うだろうか。うまくいくはずがないことは、誰でもわかる。ましてや、子どものために一肌ぬごうとしているこども食堂の運営者たちがそんなことをするはずがない。

だから、運営者の人たちは「どなたでもどうぞ」と呼びかけている。誰が来てもいい。おなかいっぱいの子もいるかもしれない。おなかをすかした子もいるかもしれない。家族で食べられている子もいるかもしれない。ひとりで食べている子もいるかもしれない。「いいよいいよ、みんなおいで。みんなで一緒に食べようよ」と。

そして実際、地域の子どもからお年寄りまでが食べにくる。結果として、多くの世代が交流する場になっている。そうしたこども食堂が全国に広がっている。

その数、５０００箇所。４年で16倍に増えた。

多世代交流拠点　５つの価値

確かにこども食堂の運営者は、子どもの貧困問題に強い関心を寄せている人が多い。しかし、現場の実態は、かつての「子ども会」のような、地域の多世代が集う場だ。そのことが、こども食堂に新しい価値と役割を持たせるに至っている。

その価値は、主に５つ。

①にぎわいづくり（地域活性化）
②子どもの貧困対策
③孤食対策
④子育て支援、虐待予防
⑤高齢者の健康づくり

順に見ていこう。

①にぎわいづくり（地域活性化）

地域で、多世代が交流する場が減った——全国どこでも、同じ話を聞く。自治会活動もかつてほどにはできていない。子ども会も解散してしまった。商店街が元気な頃は、まだお店の前が溜まり場になったりした。しかし、それももう、ない。子どもの声を聞かなくなった。下手すると、人の歩いている姿を見なくなった。知り合いたいと思って、道で子どもに声をかけたら不審者扱い。おちおち声もかけられない。——そんな話を、全国で聞く。

そういうときに、鹿児島の「森の玉里」や福井の「青空」のような場が近所にできる。ふだんはなかなか意識しなくても、実際にそういう場所が生まれ、人々が集まっているのを見ると、そういえば、と人々の頭と気持ちが動き出す。あ〜、そうそう。こういう場所、なくなったよね〜必要だよね〜と。

そのため、近年ではお寺や自治会が続々とこども食堂を始めている。お寺や自治会は地域交流の場だったから。そういうことなら私たちの仕事でもある、と気づき始めたのだ。

子ども減、人口減、高齢化、大規模事業化等々でさびしくなった地域に「にぎわい」をとりもどす。こども食堂とは、何よりもまず、地域活性化の有力なツールだ。

②子どもの貧困対策

月に1～2度、こども食堂で食べたくらいで、食に事欠く子どもの課題は解決しない。こども食堂に何度行こうが、お金を配ってくれるわけではない。――その意味では、こども食堂は経済的な貧困対策としては、無力だ。

しかし、貧困はお金だけの問題ではない。

お金がない、つながりがない、結果として自信がない――この3つがないことを「貧困」と言う。こども食堂では「お金」の問題は解決できない。しかし「つながり」はつくれる。

つながりのなさは、ときにお金よりも深刻に「心の貧困」に結びつく。やる気の低下、あきらめの広がり、人間関係への不信……。地域の多様な人たちとのつながりをつくる多世代交流拠点としてのこども食堂は、ここに効く。

難しく考える必要はない。見た目がコワくても「あ、この人やさしいんだ」という経験が1つ2つ3つ……と積み上がっていけば、5人目6人目に出会ったときに「この人も、見た目とは違う側面があるかもしれない」と思えるようになる。それが、オープンで積極的な性格をつくる。こども食堂に来る子どもや大人から、私がもっとも多く聞く言葉は

「ここではたくさんの人と知り合える」だ。それは、立派な貧困対策だ。

個別支援も行われている。ただしそれは多くの場合、社会福祉士等の専門職による「支援」「対策」とは異なるものだ。

福岡県のこども食堂に行ったとき、そこで聞いた話に「コロッケ事件」がある。あるときコロッケを出したら、小学5年生の男の子が「何これ？」と言った。それでその子が、10歳をすぎるまでコロッケを食べたことも見たこともない環境で育ってきたことを知った。そのとき、こども食堂の人たちは、「今度はメンチカツを出してみようか」と話していた。コロッケ食べたことなかったんだ、じゃあメンチカツはどうだろう？　そうやって、その子の食の体験を増やす。

東京のこども食堂からは「雪の日の出来事」を聞いた。

こども食堂を始めて1年くらいが経ったとき、雪で初めて開催を中止にしたことがあった。そしたらそれまで来ていた中学生から「今日はやらないんですか？」と電話がかかってきた。そんなに待っていてくれる人がいるんだ……と感じ入った主宰者の人は、その中学生の近くに住むスタッフと話して、その日のうちに食事を届けた。家庭を訪問したことで、その家庭がひとり親家庭だと知った。それを機に母親ともつながり、寄付でもらった電気毛布をその家庭のために取っておいて渡したりするうちに、母親もこども食堂に来る

誰と会ったかは忘れても、「他人はこわくない」「見知らぬ人もやさしい」という体感を積み上げることが、チャレンジをおそれない大人を育てる（むすびえ提供）

ようになった。今では母親ひとりでも来る。母親は、いろんな生きづらさを抱えている人だったが、最近ではよくしゃべるようになり、こども食堂にいるときは表情も明るい、という。

　こども食堂には、こうしたエピソードが溢れている。一つひとつはたいそうなことではない。主宰者の人たちも「ちょっとおせっかいしているだけ」と笑う。でも、学校の先生がコロッケを食べたことのない子に気づいたときに給食のメニューを変えられるか、休みの日に給食を届けるかと考えてみれば、「なかなかできないこと」だとも思う。

　こども食堂の「支援」「対策」とは、そのようなものだ。

　子どもや家庭に課題があると気づいたら、家族構成から保護者の就労状況や収入、家計状況等を聞き取って、アセスメント（事前評価）し、「自立支援計画」といったものをつくって、相談や支援を続けていくのが専門職。家庭で誕生会を開いてもらったことがないんだとわかれば「じゃあ今度みんなで盛大に誕生会やるか！」、家族旅行に行ったことがないとわかれば「じゃあ今度みんなで海水浴行くか！」とするのがこども食堂。

専門職は向かいに座って対面するイメージ。こども食堂の人たちは、隣にいるイメージだ。優劣の問題ではなく、どちらにも意味があり、大切な役割がある。

先の「森の玉里子ども食堂」に行ったとき、私が食事したテーブルに、小学2年生の男の子がいた。ひとりだった。今日初めて来たと言う。聞けば、母親に「行っといで」と言われたらしい。「どういう『行っといで』だったんだろう」と私の頭の中はぐるぐるするが、小学2年生に根掘り葉掘り聞くわけにもいかない。とりあえず園田さんに話すにとどめた。片付け時にその子のことを聞いたら、園田さんは「おにぎりを10個くらい持ってってもらいました」と言う。「余っちゃってもったいないから、持ってってくれるとうれしい」と伝えた、と。

これなんだよな〜と思った。母親が「行っといで」と言った背景はわからない。楽しそうな場所だからと思ったのかもしれないし、食事をつくるのが面倒だったからかもしれない。その日たまたまそうだったのかもしれないし、この子は毎日そんな感じで接せられているのかもしれない。食に事欠く家庭かもしれない。わからない。わからないからといってスルーするのではない。いきなり家に電話をかけるのでもない。その代わり、おにぎりを持たせる。たくさん。余っちゃったから持ち帰ってくれるとうれしい、と言って。誰の負担にもならないように。でもその子の先にいる家族に「気にかけてますよ」というメッセージを届ける。さりげなく。

「貧困対策」というよりは「気遣い」と言ったほうが似つかわしいような行為だ。しかしそれこそが本当に必要とされる貧困対策とも言える。こども食堂は、このような「おせっかい、気遣いという形での貧困対策」が行われている場でもある。

③孤食対策

「ウチでは食べないものを、ここでは食べてくれる」——これも、こども食堂でとてもよく聞く言葉の一つだ。

ひとりぼっちで食べるという意味での「孤食」を防ぐだけではない。みんなで同じものを食べることで「個食」を防ぐ。みんなで食べるからたくさん食べられて、「小食《こしょく》」を防ぐ。手づくりの食事で、健康に気を配ったバランスのとれたメニューで、好きなものばかりに偏る「固食」、味の濃いものばかりを食べる「濃食」、麺類に偏りがちな「粉食」を防ぐ。

「たいしたことはできないけど、毎回の食事には自信がある」というこども食堂は少なくない。化学調味料は使わない、とダシにこだわるこども食堂がある。地元の農家から寄付された野菜を使って、地産地消を実践するこども食堂がある。秋田県でこども食堂のシンポジウムに登壇したとき、一緒に出ていたこども食堂の方が「うちに来る子たちは『ここのダシがおいしい』と言ってくれる」と話したので、子どもがそんなこと言うんだ！　と驚いたが、他の2人の登壇者も「うちもそう」と同調したので、さらに驚いた。こども食堂は、味のわかる将来の大人を育てる場でもあるのかもしれない。

ただし、「うちで食べないものを食べてくれる」は、そのように食材や調理法にこだわるこども食堂にかぎらない。共食マジックと言うべきか、やはり一緒に食べたらおいしいし、たくさん食べられる。私もひとりだとバナナとヨーグルトで済ませてしまう食事も、家族と一緒だと2品3品とつくって、その3～4倍は食べる。農林水産省は「食育」という観点からこども食堂に注目しているが、同省のこども食堂の説明は、「無料または安価で栄養のある食事や温かな団らんを提供する」場だ。このだんらんが共食マジックを生み出す。

④子育て支援、虐待予防

すでに触れたが、「こども食堂で、一番最後まで帰りたがらないのはお母さんたち」というのは、よく聞く「こども食堂あるある」だ。

どれだけ子どもを愛していても、毎日毎日顔を突き合わせていれば、イラつくときもある。小さい子は、食べないし、じっとしてないし、こぼすし、食べ物で遊ぶし。しかし、夫の帰りは遅い、いても自分が中心に対応するしかない、外食はたしかにつくらなくてもいいが、周囲に気をつかう……。お母さんたちがほっとできる時間と空間は、驚くほど少ない。

でもこども食堂では、他の大人が見守ってくれている。ボランティアのお兄さんお姉さんが一緒に遊んでくれる。お母さんたちが「一息つける」場所になっている。

そうした場が増えると、親を甘やかすことになるという意見も、たしかにある。保育園も放課後児童クラブも整備されていない時代に、がんばって子育てしてきた世代が立派なのは間違いない。同時に、サザエさんの例を挙げたように、多世代交流の場は親の元気、子どもの元気を高める。心配な気持ちもわかるが、一度試してみたらどうだろうか。こども食堂が家庭力をむしろ上げることがおわかりいただけるはずだ。

そして虐待予防。

虐待と聞けば「とんでもない家庭」を思い浮かべるかもしれないが、虐待は多くの場合、子育て不安がこじれていった結果として生じており、元々は「ふつうの子育て家庭」だったところも少なくない。程度の差こそあれ、多くの保護者は子育て不安を感じており、「ふつうの家庭」と「虐待家庭」の差は、それらの言葉から人々がイメージするほどには大きくない。

むしろ一つの家庭の中で「ふつう」「虐待スレスレ」「虐待」の状態が、信号機のように移り変わりながら生じているとイメージしたほうが実態に近い。多くの家庭はほとんどの時間が青（ふつう）だが、ごくたまに黄信号（虐待スレスレ）が灯ってしまうことがある。母親がクタクタに疲れているまさにそのときに、子どもがいつも以上にぐずるといったことが重なってしまった、など。それでも多くの保護者は、赤信号に転化せずに踏みとどまり、また青信号へと戻っていく。

しかし母親が孤立していたり、生活が苦しくて余裕がなかったり、子どもに特に手のかかる特性があったりすると、黄信号の点灯時間が長くなることがあり、黄信号の点灯時間が長くなると、何かのはずみで赤信号に転化してしまう。

こども食堂は、保護者がほっとできる場を提供することで、黄信号になりそうなところを青信号にとどめたり、黄信号が灯ってしまっているときに青信号に戻したりする。それが虐待予防ということだ。

こども食堂の人たちが深刻な虐待家庭に入っていって、親子関係を調整できるわけではない。私もできないし、読者の多くもできないだろう。そもそも民間人の私たちは、そうした家庭の情報を持っていない。そこは行政や専門職の領域だ。しかし、赤信号が灯る手前でとどめてくれるこのような場がなければ、行政や専門職は増え続ける案件に対応できなくなるだろう。それぞれに意義と役割があるのは、貧困対策のときと変わらない。

⑤高齢者の健康づくり

次章の1節め「朝ごはんやさん」で詳しく紹介するが、こども食堂は地域の高齢者の活躍の場でもある。私が出会った調理ボランティアの最高年齢は91歳の女性だった。彼女は「私のほうが元気をもらっている」と話していた。スタッフやボランティアだけではない。参加者としての高齢者にとっても、こども食堂はプラスに働く。

以前、子どもを受け入れるようになった高齢者サロンに行ったことがある。まだお昼で、子どもたちは来ていなかった。会場は、おおまかにおじいちゃんグループとおばあちゃんグループに分かれていた。おばあちゃんグループは、よくしゃべり、笑っていた。この人たちは、子どもがいてもいなくても、関係なく楽しそうだと思った。

しかし、おじいちゃんグループは違う。会話が続かない。誰かがポツンとしゃべっても、誰も拾わない。スルーされたのか、と思ったころに、また誰かがポツンと。間合いも、話の中身も、関連しているのかしていないのか、よくわからない。そんな感じだった。

その雰囲気が、14時ごろに低学年の子たちが来だすと、変わる。まず、子どもたちが「ネタ」になって、おじいちゃんたちの会話が続くようになる。走り回っているのを見て、「ああ、あぶねえな」とか。あるおじいちゃんは、子どもたちから「あの人は、一緒に卓球をやってくれる」と認定されているようで、子どもに「また卓球やって！」とせがまれていた。「しょうがねえな」と言いつつ、顔はうれしそうだ。

こういう光景を見ていると、「遠くの孫より、近所の子」だなあと思う。このおじいちゃんは、子どもたちの卓球相手に気持ちの張りを感じているはずだ。

「人生１００年」と言われるようになった。

高齢者の健康づくりは、世界最高・最速の高齢化率に達する日本の最重要課題だ。高齢者だけを対象に、介護予防体操をするのもいいだろう。同時に、子どもと関わる中で元気になる高齢者もいる。すべての国民の健康づくりを支えるためには、こうした子どもとお年寄りが関われる場を、もっと積極的に増やしていく必要がある。

各種の「健康推進施策」を見ていて、思うことがある。「自分のためにがんばる人向けのメニューばかりだな」ということだ。一日何歩あるいたら何ポイント還元とか。それでがんばろうと思う人はそれでいい。でも世の中そういう人ばかりではないだろうと思う。子どもにせがまれて卓球をやっているおじいちゃんは、自分の健康づくりのために卓球をやるとはかぎらない。こども食堂で腕をふるって調理している高齢女性が、自分のために料理をがんばるとはかぎらない。「しょせん、みんな自分のことしか考えない」としたり顔で言う人がいるが、「誰かが待ってるからがんばれる」という人は、ごくふつうに、たくさんいるだろうと思う。少なくとも私は、そういう人にたくさん出会ってきた。

目的は、すべての国民の健康の向上だろう。だとしたら、自分のためにがんばる人向けメニューばかりでなく、他人のためにがんばる人向けメニューもあっていい。鳥取のこども食堂関係者が言っていた。「誰でも来られるという意味では『だれでも食堂』なんですが、『こども食堂』と名乗っているのは、そっちのほうがみんなの力の総量が増すからです。『子どものため』ってなると、よっしゃがんばろうという感じになるんですよね」と。

こども食堂で調理ボランティアしたら何ポイント還元といった健康推進施策がもっと増えることを望む。

求められているのは「人をタテにもヨコにも割らない場所」

上記5つの他にも、防災や地域への愛着形成など、多世代交流拠点の価値は、さらに広がる可能性がある。こうした多様な価値を持てる最大の理由は、こども食堂が「人をタテとヨコに割らない」からだ。

行政サービスは違う。高齢者や障害者のデイサービスにしろ、学校・保育園・放課後児童クラブにしろ、行政サービスは、対象を年齢や属性で割る。その上で所得で割る。年収いくら以下の世帯は何割負担、とか。「人をタテとヨコに割る」ことで初めて成立するのが、行政サービスだ。タテとヨコに線を引き、碁盤目のこのマスの人たちにはこのサービス、とやってきた。その線引きは、明確にターゲットを定め、効率的にサービスを供給する上では欠かせない。

しかしそれゆえに、多様で複合的な価値は期待できなかった。あたりまえだが、高齢者のデイサービスには高齢者しかいない。保育園には園児しかいない。子どもとお年寄りが「ともにある」ことのシナジー（相乗効果）は、そこでは生まれようがなかった。

他方、こども食堂は民間人が運営するボランタリーな場だ。大事なのは、「サービスとしての効率性」よりも「集いやすさ」だ。そして集いやすさは、人をタテとヨコに割らな

子どものために、と地域の人々が集まる。それは同時に、子どもに地域をつなげてもらっているとも言える。「子どもを真ん中に置いた地域の居場所づくり」が人々を惹きつけている（むすびえ提供）

いことで生まれる。

入口で「あなた、介護要支援のチェックシートを受けていますか」と問われる場には、行きにくい。入口で「あなた、学校で就学援助を受けていますか」と問われる場には、行きにくい。だから問わない。「どなたでもどうぞ」と言う。その結果として、多様な価値を生み出す場になる。限定しないから、広がりを持てる。

そして今、私たちの社会は、人をタテとヨコに割ることで成り立っているさまざまな行政サービスの限界にぶちあたっている。「碁盤目のこのマスにいる人たちにこのサービスが必要なことはわかってます、でもお金がありません」。増え続ける高齢者、どんどん複合化する課題。その一つ一つにサービスをあてがっていくことの限界が、すべての分野で語られている。そこに、多世代交流拠点としてのこども食堂が、民間ベースのボランタリーな活動として、広がっている。

奇妙といえば、奇妙だ。

行政サービスの限界を痛感してこども食堂を始めましたという人を、私は知らない。国や自治体の財政状況を心配してこども食堂を始めましたという人にも、私は会ったことがない。みんな、子どもたちにお腹いっぱい食べて元気になってもらいたい、笑顔になってもらいたい、たいしたことはできないけど、ごはんをつくって一緒に食べることならできる、と始めているにすぎない。しかしそれが、今の日本社会の課題に対する一つのソリューション（課題解決策）を提示している。

奇妙だが、それが必然、とも思う。

民間の人たち、市井の人々が、行政や制度・政策を意識せずにつくったからこそ、これまでの制度の限界を超えることができている。そして「必要なのに、なかった」からこそ、行政はほとんど後押ししていないのに、人々の共感を得て、勝手に、爆発的に、広がっている。イノベーションとは、そのようにして起こるものなのだろう。

多世代交流拠点としてのこども食堂が、私たちの暮らしの風景を変えていくかもしれない。

第二章

貧困対策としての形

1　ばあちゃんたちの奮戦記

朝ごはんやさん（大阪市東淀川区）

第一章では、こども食堂の多世代交流拠点としての側面に焦点を当てた。多くのこども食堂が多世代型で運営されながら、その実態が正しく伝わっていないと思うからだ。

同時に、こども食堂を主宰する運営者たちの多くは、子どもの貧困問題に深い関心を寄せている。それは「食べられない子」に対象を限定しているこども食堂だけでなく、「どなたでもどうぞ」と多世代型で運営しているこども食堂も同様だ。

第二章では、こども食堂の、子どもの貧困対策としての側面に焦点を当てる。

朝6時の小学校でばあちゃんたちが……

板についたキッチンスタイルで子どもたちの朝食を用意するばあちゃんたち（筆者撮影）

しんしんと冷え込む、２月の朝６時。大阪市東淀川区・西淡路小学校の通用門をがらがらと開けて入っていく人たちがいる。71歳３人、76歳１人のばあちゃんたち４人。彼女たちは、これから朝ごはんをつくる。

「給食のおばさん」ではない。地域のばあちゃんたちだ。彼女たちは月・水・金の週３回、西淡路小学校の家庭科室で、子どもたちのために朝ごはんをつくっている。名づけて「朝ごはんやさん」。

看板を出し、そろいのエプロンをつけ、マスクに三角巾に手袋でお決まりの調理スタイルになって、さあ調理スタート。

７時前、校庭に面した家庭科室には、湯気がたちこめる。今日は、ツナ、コーン、ピーマン、タマネギののったピザパンと、バナナ半本、「ふーどばんくOSAKA」から寄付でもらったビスケット、それにクリームスープ。ばあちゃんたちは、黙々とテキパキと、作業を進めていく。

会話は必要最小限。ばあちゃんだからって、のんびりまったりやってない。それもそのはず。7時半には、もう子どもたちがやってくる。30人近い子どもたちが食べにくるまでの1時間半が、ばあちゃんたちの「戦場」だ。

「朝ごはんやさん」の始まり

テーブルにずらりと並べられた食器に、あっという間に朝ごはんが盛られていく。大鍋で湯気をたてるクリームスープは、いかにも体を温め、ぼんやりとした頭をシャキッとさせそう。見ているこちらも、お腹が鳴る。湯気が立ち込め、ひんやりした家庭科室があたたまっていく。

「おばちゃん、そこのやつはピーマンをいれへんやつをつくってんのか」

「きらいな子がいるかもしれへんやろ」

「あのな、ピーマンなんて、イヤやったら自分ではずしたらええねん！　私だって自分ではずすんやから」

……会話に勢いがある。さすが大阪（笑）。

7時半から子どもたちがぼつぼつと集まりだす。「おはよう！」ばあちゃんたちの声がかかる。子どもたちは、返事もそこそこに、入口そばでランドセルを下ろし（放り出し）、上着を脱いで、まずは手洗い。そしてプレートをとり、スープをもらって、思い思いの席につく。

「いただきます！」ばあちゃんたちが立ち働き、見守る中で、にぎやかな「朝ごはん」が始まる……。

朝ごはんを食べないと学力が、体力が……

「朝食を食べないことがある」と答えた児童生徒は、小学校で14・6％、中学校で19・5％。こんな数字が『文部科学白書』で紹介されたのは、２００８年だった。そのころから「朝食を食べることの重要性」が強調されていった。朝食を食べない子どもは、学力も体力も低いという話も、よく聞くようになった。

同時にこのころは、満足に食べられない子どもがいる、という子どもの貧困問題が指摘され始めた時期でもあった。「夏休み、体重の減る子がいる」と帯文で書かれた『子ども

校庭を囲むように校舎が立つ。家庭科室の入口に「朝ごはんやさん」の看板が立つ

の貧困白書』が民間で出版されたのが2009年。先の『文部科学白書』の翌年だった。

朝食を食べることの重要性は、わかった。でも、食べられる環境にない子はどうする？

学力や体力が低いのは、朝食を食べないからか、それとも、朝食を食べられないような生活環境で暮らしているからか。

親が悪い――それで？　子どもはどうする？　「親が悪い」と唱えていれば、子どもはいつの間にかおなかがいっぱいになるとでも言うのか？

そんな思いを抱いている人たちにとって、「朝ごはんやさん」の取り組みは、単純にうらやましいものだ。できることなら自分たちもやりたい。でも、学校がそのために家庭科室を開放してくれるという話は、あまり聞かない。「すべての生徒に一律に提供できないものは、誰にも提供しない」――公機関としての学校には、このマインドが強い。

では「朝ごはんやさん」は、どのようにして可能になったのか。

学校での活動が可能になったワケ

きっかけをつくり、課題をのりこえ、実現にこぎつけたのは、やはり一人のばあちゃんだった。

表西弘子さん。71歳。約半世紀にわたってこの地域で活動し、暮らしの課題に取り組み続けてきたばあちゃんだ。連合町会長、地域活動協議会会長、更生保護女性会会長、地区社会福祉協議会会長、保護司、民生児童委員……。すべて現職。保護司は30年、民生委員は26年続いている。

表西さんは、どのようにして「朝ごはんやさん」を始めたのか。

もともと彼女は、地域での活動を通じて「食べられない子」がいることを知っていた。文科省のデータを見たときは「やっぱりな」と思ったという。そんな表西さんに直接のきっかけを与えたのは、西淡路小学校の統合だった。２０１６年、表西さんが暮らす地域にあった小学校が、現在の西淡路小学校へと統合された。学校が移転して建物が空くなら、そこで朝ごはんを提供できないか。もともと食事提供をやりたかった表西さんに、学校統合がきっかけを与えた。

「毎日出さなければ意味がない！」

学校が統合された年、表西さんは、大阪市の区民提案型事業に応募した。

「毎日、朝ごはんを出す」

相談を受けた区役所は、あわてたという。「そんなアホな。なに考えてんの」という反応だった、と表西さんはふりかえる。試験的な事業なんだから、失敗できない。やる気はわかるが、ひとりで走っても周囲がついてこない、等々……。

「なんで朝ごはん？　っていう感じだった」と表西さん。まだみんなピンと来てなかったんだと思う。だからよけい無茶だと思ったんだろう、しかも毎日だと言い出したし。協力的な職員もたくさんいたが、「毎日出さなければ意味がない！」と言い張る表西さんを説得する人もあり、すったもんだの末、週3回開催で折り合った。

表西さんの「毎日」への思いは強い。

「おなかすかせた子に本気で対応するなら、毎日やるのが当然」。月1回程度のこども食堂は「デモンストレーションにすぎない」と感じる。ただ、彼女自身も、自分の暮らす地域では、毎週1回のこども食堂を開催している。デモンストレーションでも「こうした子が世の中にいる」「そうした問題がある」と知ってもらう意味はある、と思っているからだ。

「うちの家庭科室、使います?」

場所選びも難航した。

最初は、旧小学校の空き教室でやるつもりだったが、「朝のクソ忙しいときに、誰が来るかいな」と思い直した。「こら、あかんな」と。そこで申請中の書類を書き換えて、小学校と中学校の正門の中間地点に、車でケータリングを行う、とした。しかしそれでは衛生問題が解決できず、調理ができない。パンと牛乳、果物しか配れない。

そのとき、見かねた校長が助け船を出した。「うちの家庭科室、使います?」と。

いい話だ……って、ちょっと待った!

ふつう、学校はそこで助け船を出さない。なぜ校長は、自ら家庭科室を提供すると言ったのか。堀尾浩行校長に聞いた。

「いや〜、深くは考えなかったですね」と笑ってごまかす堀尾校長。またまた〜。そんなわけないでしょ。じゃあ誰にでも家庭科室を提供しますと言いますか? 言わないですよね?

「たしかに。表西会長の取り組みが市の取り組みだというのは、大きかったですね。区民の提案を受けて行政がやる事業ということになりますから、そこは教育委員会も乗りやすい」（行政事業だったのは初年度だけで、取材当時は純粋民間事業）

なるほど。でも、それだけですか？　やっているのが表西さんだからっていうのは、ありませんでしたか？

「う〜ん、たしかに表西会長だからっていうのは、あったかもしれませんね」

……やっぱり。

「何を」と「誰が」

そういうことだ。やはり、地域で半世紀にわたって活動してきた人への信頼感が背景にあっての「うちの家庭科室、使います？」だったんだと思う。

「何を」という内容だけではない。「誰が」もまた重要だ。

これは、新しくこども食堂を始めた人などにとっては、しんどい事実でもある。「よいこと」をやっているだけでは足らない、ということだから。そして、人に対する信頼は、一朝一夕にはつくられないから。しかしそこで「属人的だ」「公平でない」と怒ってみたところで、事態は進まない。自分たち自身に地域での「ブランド力」がないのであれば、それがある自治会長などを巻き込んで、そのうえで学校にアプローチできるといい。

よく、「ＮＰＯと自治会などの地縁団体はソリが合わない」と言われる。

こども食堂の運営者から「地域が理解してくれない」という愚痴を聞くことも、少なくない。それは、このあたりのツボが十分に理解されていないことと関係しているのではないか、と私は思っている。

こども食堂を含むＮＰＯは、基本的に「テーマ型」だ。運営者も「子どものことが大事」と思っている人が多い。自分の価値観がそこにあると、相手にもそれに対する賛同と共感を求める。「子どものことって大事ですよね?」と。

しかし、そう聞かれた地縁団体の人たちの価値観、メインの価値軸は、そこにはなかったりする。地域の価値軸は「この地域のためにどれだけ汗をかいてきたか」だ。だから「子どものことって大事ですよね?」に対する自治会長の第一声は「あんた、この地域で見ない顔だね」だったりする。そして、そう言われた側は「うちの自治会は、子どものことに理解がない」という印象を持ち帰る……。お互いの価値観を理解し、認め合わないと、こういうことが起こる。

しかし自治会長が「子どものことに理解がない」と判断するのは、早計だ。実は、とっても子どものことに熱心な人かもしれない。「理解がない」のではなく、「優先順位が違う」のだ。地域で長く活動してきたこの自治会長の信念は「何をやるにしても、地域の人たちの信頼を得られないと、うまくいかない」というものだったりする。そしてそれは、たしかに一理ある。

だからここには、子どものことを大事に思っているこども食堂の人と、子どものことを大事に思っていない自治会長がいる、のではない。子どものことを大事に思っているこども食堂の人と、子どものことを大事に思うなら、地域の人たちの理解を得ながら進める必要があるが、それには地域に対するプレゼンスが重要だと思っている自治会長がいる。そこがわかると、「話したけど、理解されなかった」とは違う道が開けるかもしれない。

「何を（大事に思うのか）」も重要だが、「誰が（地域から信頼感を得られている人がやることか）」も重要だ。自分のバイアスを知り、相手の優先順位・価値観を知り、両者に橋をかける、という第一章で紹介した松本紘さんの「異・自・言」は、世界に出なくても、こうした地域での活動・連携の実践で試される。それだけ地域は多様だから。

「何を」と「誰が」。この2つが合わさったことで「朝ごはんやさん」は実現し、２０１６年の秋から、子どもたちに週3回の朝食が提供されるようになった。

今、61歳から82歳までのばあちゃん10人が、輪番で「朝ごはんやさん」を支える。学校は、全校生徒に案内を配る。誰が申し込んでもかまわない。ただ、やはり必然的に家庭環境の比較的厳しい子が来ることになりがちだ。そうなると「学校で朝ごはん食べてる子は、親は……」となりかねない。そこで校長と表西さんは、PTA役員に頼み、役員の子どもたちにも来てもらうなどして「いろんな子が行ってる」感を出した。医師の子もいれば、朝早くから親が仕事に出る家庭の子もいる。家庭環境の厳しい子が行くところ、というレッテル貼りを回避する工夫をした。

あるお母さんは「朝ごはんやさん」の開催に合わせて仕事の勤務シフトを組むようになった。月・水・金に、早番を入れるようにしているのだ。そのお母さんの気持ちは、だいぶ楽になっているだろう。共働きが一般化した今、家庭環境の厳しい子にかぎらず、「朝ごはんやさん」は幅広い一般家庭の支援にもなっている。

しんどい子、しんどい親をたくさん見てきたから

それにしても、表西さんはどうしてそこまでがんばるのか。

半世紀ちかく昔、22歳で結婚して、表西さんはこの地域に来た。昭和43（1968）年にこの地域に来て、44年に子どもを産み、45年には「保育守る会」の会長になっていた。

「当時の保育所は産後半年からしか預かってくれんかった。それを産後43日から預かって

くれ、と」

子どもを柱にくくりつけて、親が内職するような時代だった。地域全体が貧しく、課題を抱える家庭も多かった。あらゆることに首を突っ込み、理屈だけでは片づかない家族の問題を見てきた。しんどい子、しんどい親がたくさんいることは、イヤというほど知っている。

加えて、彼女の家庭自体が問題含みだった。夫は、酒ばかり飲んで、働かない人だった。家事・育児はもちろん、表西さんが働いて、家計を支えた。

「この地域に縁をつないでくれたのはアノ人のおかげ。それは感謝してる。でもそれ以外はまったくダメだった」と表西さん。

その夫は、30年前にぽっくり逝った。夫が逝ったとき、表西さんは京都で研修合宿中だった。親戚の一報を受け、とるものもとりあえず電車に乗ったが、電車の中で考えたことは「まさかあの子たちが何かしたのでは……」と、そればかりだった。

当時、子どもたちは高3と中3。多感な時期だった。飲んだくれの親父にうんざりしているのはよく知っていた。激しい口論も見ている。フラフラの酔いどれ親父をなんかの拍子に突き飛ばして、打ち所が悪くて……。

「そんなことばあっかり心配してしまうくらい、ひどかったんよ」

幸い、そういうことではなかったが、表西さんは後に聞いた子どもの言葉が忘れられない。飲んだくれた親父が酒を買ってこいと言う。イヤでイヤでしょうがなかったが、自分が行かなければ、親父がよれよれの恰好で酒を買いに行くことになる。それがみっともなくて見ちゃおれんから、自分は行っていたんだ、と。

そのときの子どもの気持ちが、表西さんがいま子どもたちを支える原動力になっているのかもしれない。

「ちゃんと撮れてる？」「かっこよく撮れてるぞ〜。ほれ」

子どもたちには、すでによい変化が表れているという。2017年3月、利用児童にアンケートすると、66％が「朝早く起きるようになった」と答えた。堀尾校長は「遅刻がちだったのが、きちんと登校できるようになってきた子もいる」と手応えを語る（『毎日新聞』2017年5月22日）。

ただ、変化はこれだけに止まらないだろう。「家の人が大変だったときに、朝メシを食わせてくれたばあちゃんたちと学校」のことを、子どもたちはいつか思い出す。

それは、大人になったその子たちの言動に、深いところで影響を及ぼす。それが、世の中の「気分」を変えていく。

こども食堂は、そのようにして世の中の底流を変えていく試みだと思う。

2 しがみつきにくる子がいる

こどもいちば食堂（沖縄県名護市）

自分でおにぎりをつくれるようになる

沖縄県北部の名護市。米軍基地建設で揺れるこの街にも、こども食堂はある。

その名の通り、名護の市営市場の中にある。沖縄の市場は、生鮮鮮魚の小売店や食堂が集まるショッピングセンターのような場所。卸売はしていない。

「こどもいちば食堂」

土曜日の朝、10時前に到着すると、すでに調理作業は始まっていた。ビシッとしたシェフスタイルの人たちが材料を切り、その周りに子どもたちが群がる。あとでわかったが、このユニフォームの人たちは、高級ホテル、ザ・リッツ・カールトン沖縄の調理スタッフだった。どうりで、立ち姿が玄人っぽい。

開設から1年。ここでは「子どもも一緒に、イチからつくる」ことを大事にしてきた。代表の新里善彦さんは言う。

「ザ・リッツ・カールトン沖縄の人たちは3ヶ月前から来てくれています。こういうプロの人たちを見ることで、子どもたちにも『カッコいいなあ』『こういう仕事があるんだなあ』ということを知ってもらいたい。

ここでは、大人たちが食事を提供するというよりは、みんなで一緒につくって一緒に食べるということを大事にしてきました。調理実習を通じた食育です。

この子たちは、家では『菓子パン1個あればいい』という生活をしていますが、こうすれば自分でおにぎりをつくることができるんだよ、ということを伝えています」

実際、最初は何もできなかった子どもが、だんだんできることを増やしていくと言う。

新里さんは、調理室の隣にある「さくら食堂」の経営者だ。「こども食堂」を主宰する飲食店経営者も、この数年で本当に増えた。新里さんは、もともと名護市内の「青少年の家」という宿泊・研修施設の食堂を経営していた。

「ずっと子どもたちを見てきたので、子どもの貧困を知ったとき、ショックを受けました。えっ、ごはんを食べていない子どもたちがいるの⁉ って。あの子たちの中にもそういう子たちがいたのか、と。スクールソーシャルワーカーの方に聞くと、先生が食べ物をこっそり渡している子もいると言うから、またショックで。とにかく、食にたずさわっている身として、食のことでなにかできないかと。地域の子どもたちは地域で見守りたいですから」

とりあえずやっちゃえ

新里さんがこども食堂を思いついたきっかけは、宇根美幸さんのブログだった。宇根さんは、沖縄県北部で生活困窮者支援をやってきて、困窮した家庭や子どもたちの実情に触れる機会があった。そうして出会った2人が「こどもいちば食堂運営委員会」を発足させた。代表が新里さん、副代表が宇根さんだ。「とりあえずやっちゃえという感じ」でスタートし、始めてから協力者を増やしていった。

こどもいちば食堂は、名護市から補助金を受けている。補助の条件は「貧困家庭の子を対象にすること」。新里さんたちにはどの子がそうなのかわからないので、名護市に3名いるスクールソーシャルワーカーや民生委員が紹介してきた子どもたちを受け入れている。いわば「一本釣り」されてきた子たちだ。

ほぼ市場の近郊から来ているが、車で10分くらいのところから通っている子もいる。その子たちの送迎は、協力を申し出てくれたオリオンビールの労働組合の人たちが担ってくれている。対象となる子どもたちは40〜50名いるが、一度は70名が参加して、それほど広くない調理室にあふれかえったこともある。

自分を見捨てないか。大人を試す

そういう事情なので、家庭環境の複雑な子が多い。宇根さんが言う。

「ある小6の子などは、調理のために包丁を持ってたら、スクールソーシャルワーカーの方が『その包丁、昨日は振り回してたのにね』と笑っていた。親とケンカして包丁を振り回したらしいです。その子なんかは、最初のころは私の足元に包丁を3回落としましたね。あぶなかった（笑）。いわゆる『お試し行動』ですね。

親からの愛情を受けてこられなかった子は、大人を簡単には信用できないので、自分を見捨てない人かどうかを試したくなって、そういう行動をとります」

その子は、最初は調理など何もできなかったが、通ってくるうちに厚焼き玉子をつくるのがとても上手になった。親からの虐待があったため、今は児童相談所の一時保護所に入っているが、もうすぐ戻ってくる予定だ。

しがみつきにくる子どもたち

家庭で十分な愛情を受けられない子どもたちは、ここで愛情を「補充」しようとする。

「小学1年生とかの小さい子も来ていますが、料理をしにくるというよりは『だっこ』されにくる子がいます。一人をだっこしながら、別の一人が私の足にしがみついている。動くときは大変です(笑)。そういう子も回を重ねるごとに落ち着いてくるんですけど、今度はまた別の子がしがみつきにくる。入れ替わりですね」

宇根さんは、ここのおかあさん的存在なのだろう。

ぬくもりを求めてしがみつく女の子。こども食堂が提供するのは「食」だけではない

沖縄の「ゆいまある」はどこへ？

それにしても、沖縄というと、一般的には「ゆいまある」などのたすけあい文化の強いイメージがあるが、実態はそうでもないのだろうか。宇根さんの考えはこうだ。

「前はたしかに隣近所のたすけあいがありました。夕方一緒に遊んでたら『ウチでごはん食べていくか』と。でもここ20年くらいは核家族化も進み、家族で過ごしたいという志向も強くなって、区（自治会）への参加も少なくなっています。それで、地域にどんな子どもたちがいるのか気づきにくくなりました。そういう中で子どもの貧困問題が出てきた。『だとしたら見えないけど、そういう子がいるのかな』と思い始めました」

こども食堂を始めたのは、そうした理由もあったと言う。

「『ゆいまある』については、高齢者の人たちにはそういう意識もありますが、私のような40代になると、もうあんまりないんです。逆に、『これまでそれでなんとかやってきたさあ』という意識がある分、やっていけないことをイメージしづらくて、今できていないのを見えにくくしている面があるかもしれません。それが今の生活困窮につながってきているのかな。

『なんくるないさあ』を支えてきた『ゆいまある』がなくなってきているんだけど、『なんくるないさあ』だけは残っているという……。イメージと現実の間のギャップの問題ですね」

おなかと心を満たす

新里さん、宇根さんと話しているうちに、料理ができあがった。

トマトソースとカルボナーラの2種類のパスタに、サラダ、スープ、そしてデザートのマドレーヌ。手軽なプラスチックプレートに入っているが、ザ・リッツ・カールトン沖縄と思うと、ちょっとかまえる（笑）。ただ子どもたちは、おかまいなし。トマトはすっぱくて嫌い、あしらわれたバジルは苦い……と、平気で残していた（笑）。

「なかなか食えないもんなんだぞ」と言ってみるが、当然通じず……。

こども食堂は、全国的には、対象となる子を限定せず、地域全体に開かれた運営をしているところが多い。ここのように「気になる子」だけを集めたこども食堂は、むしろ例外だ。同時に、やはりこうした場所でないと見えない光景もある。その多様性が、こども食堂の「豊かさ」でもあるだろう。子どもたちが、ここでおなかと心を満たしてくれることを願う。

3 「セレブの住む街」のもう一つの顔

みなと子ども食堂（東京都港区）

セレブの住む街・港区

「セレブの住む街」――東京都港区にはそんなフレーズがついて回る。六本木に赤坂、白金、青山、台場に麻布と、きらびやかなイメージをもつ地区が集まり、六本木ヒルズに東京ミッドタウン、虎ノ門ヒルズにアークヒルズに汐留ビル群など、大都会を象徴する建造物も多い。大使館の約半数が集まり、赤坂御用地など皇族との縁も深く、青山霊園や増上寺には多くの歴史上の人物が眠っている。民放キー局5社の本社が集まり、情報の発信地でもある。

土地の坪単価は平均で1000万円近く、1LDKでも賃料50万円以上の物件がごろごろある。当然、住人たちも資力のある人が多い。企業経営者やタレントなども多く、住民の平均所得は1023万円（2015年）で全国トップとされる。スーパーの駐車場にフェラーリやポルシェが停めてあるような地域だ。

一方、もっとも裕福な「一人勝ち」東京都には、格差の大きな自治体でもあるという「もう一つの顔」があり、港区も例外ではない。低所得の公立小中学生に支給される就学援助の受給率（2014年度）は、全国平均15・39％に比べて、港区は小学校15・95％、中学校30・64％にのぼる。

お金持ちの代表格のように言われる街でも、どこから見るかで景色がまったく変わってしまうことは、港区に限らない。その港区の「もう一つの顔」を垣間見ることができるのが「みなと子ども食堂」だ。

みなと子ども食堂

広尾駅。渋谷と六本木の間にあるこの駅を降りて10分弱歩いた高台、有栖川宮記念公園の隣にある公共スペース。2017年3月、そこで「みなと子ども食堂」が開催された。

メニューは、ピラフに鶏のからあげ、サラダに野菜スープ、そしてデザートのケーキ。一食で子ども100円、大人300円の材料費を頂戴している（未就学児と保護者の場合

みなと子ども食堂のメニュー。寄付された食材も活用してバランスのとれた食事を提供している（みなと子ども食堂提供）

も300円）。今回は、親子で20名ほどの予約が入っている。

どんな人が食べにくるのか。

「どんな子でも、どんな方でも、いらっしゃってくださいと言っています。子育て中の方はどなたでも応援していますと」とNPO法人「みなと子ども食堂」広報担当の愛敬真喜子さん。

「こども食堂とは名づけていますけど、こども食堂＝貧困というイメージは払拭したいんです。貧困というイメージがついてしまったら、この地域でこども食堂はやっていけません。実際、来られる方たちも大半は困窮家庭ではありません」

課題は孤食とコミュニケーション

強調するのは、孤食防止とコミュニケーションだ。

「友だちと一緒に食べる」というだけで、子どもたちのテンションは上がる。寄付されたケーキを食べる（みなと子ども食堂提供）

「それなりにお金があっても、夕食は母子2人という家庭は少なくありません。ぐずったり、こぼしたりして、夕食時はお母さんが子どもについキツくあたってしまう時間帯でもある。だからみんなで一緒に食べよう、と。

ここは、こぼし放題。みんな『いいよ、いいよ』と、『ママもゆっくりしてってね』と。そんな場所が必要なんです」

この地域独自の事情もあるようだ。

「港区は、私立への進学率がとても高く、半分を超えています。お子さんが私立に行くということは、親に地域性がなくなるということでもあります。

子どもがいても、地域につながりがない。ママ友がいなくて夫も帰ってこなければ、話をする相手がいない。だからここは、お母さんたちのコミュニケーションの場でもあるんです。

実際、子どもが有名私立小に通っている親が、タクシー飛ばして食べにきたこともありました。さすがにタクシー使って食べにくるこども食堂というのは、ここだけじゃないでしょうか（笑）。年収が６００万～７００万円ある世帯にも、孤食やコミュニケーションの課題のある人たちがいます。こども食堂を必要としている人は、生活に困窮している家庭だけというわけじゃないんです」

低所得世帯は孤立する傾向も高い

来る人たちの中には、実際に困っている家庭も複数いるが、愛敬さんたちは詮索しない。

「この地域のお金持ちはケタ違い。上には上がいて、年収６００万とかだと、まだ下のほう。格差が大きく、暮らしぶりを話題にし始めると関係が難しくなります。大都会は隣人の顔も知らないとよく言われますが、学校とか友だち同士のしがらみは、なかなか強いんですよ」

あからさまに話すことはないものの、それでも低所得の親が孤立する傾向が強いのは、港区の調査からも明らかになっている。児童育成手当（東京都制度）を受給しているひとり親家庭の保護者などに実施したアンケート調査の結果は、以下のとおりだ。

子どものことで困ったときに相談する人が「誰もいない」親は10・1%
子どもを預けたりするような相手が「いない」親は59・1%
子どもに対し、「イライラする」ことが「しばしばある」親は28・9%

（出典：港区子どもの未来応援施策基礎調査報告書〔概要版〕）

だから、すべての親子に開かれた運営の中で、1人でも2人でも、それで助かってくれる親子がいてくれれば、とも願う。

苦しかった子ども時代を思い……

NPO法人「みなと子ども食堂」を立ち上げたのは、前代表理事の宮口高枝さんだ。宮口さんも、その思いは人一倍強い。

宮口さんの最初の記憶は、水たまりに映る自分の顔だった。

「3歳のとき、父親が病死したときだと思うんですね。父親の亡骸を埋める墓穴があって――当時、私の故郷はまだ土葬だったんです――、その墓穴の底に水たまりがあって、そこに私の顔が映ってる。たぶん、姉か誰かにおぶってもらってたと思うんです。高いところから、水たまりに映る自分の顔を見下ろしていました」

もう一つ忘れられないのが、その晩の母親の姿だ。

「母が囲炉裏に薪を、こう、一つくべては『どうしよう』、また一つくべては『どうしよう』と言っていました」

その母親のしぐさを忠実に再現しながら、宮口さんが語る。父親を亡くした宮口さん宅の暮らしは厳しかった。母親と食べ盛りの5人姉妹が肩を寄せ合って暮らし、一時期は生活保護を受けたこともあった、と宮口さんは記憶している。その後、宮口さんは働きながら看護師の資格を取り、港区に勤めた。ひとり親家庭、とりわけ母子家庭がどれだけ大変か、宮口さんは骨身にしみて感じている。

だから、看護師として働く傍ら、長く港区で男女平等参画の活動に関わってきた。そして、その仲間の一人から持ちかけられたのが「みなと子ども食堂」の開設・運営だった。

今、宮口さんたちは、芝浦港南地区での「みなと子ども食堂」の開設を模索している。

「あそこは若い子育て世帯が多いから、きっと必要としている家庭も少なくないはず。でもこの麻布地区までは距離があるから、できれば芝浦港南地区でも開催したい」

しかし、全員ボランティアの団体に、毎回炊事道具を持ち込んで、毎回撤収するほどの体力はない。炊事用具を恒常的に保管できる場所が見つからないと、芝浦港南地区での開設は難しい。宮口さんたちは、その場所を探し続けている。

セレブの住む街・港区にも生活の厳しい人たちはおり、また、それほど生活の苦しくない人たちの中にも、孤立やコミュニケーションなどの課題はある。過度の絞り込み（ターゲティング）をすることなく、規模は小さくても複数の課題に対応できる——「みなと子ども食堂」はそんなこども食堂のもつメリットを体現している。

4 こども食堂に「来てほしい子」はきているか
赤信号の子と黄信号の子

運営者の抱く〝もやもや〟

今日（2018年5月5日）、こどもの日。全国のこども食堂で、こどもの日にちなんだちょっとしたお祝いがなされている。

ふと思う。いま、家庭以外で、地域の子どもたちに「こどもの日」の特別感を提供している場所は、どれだけあるだろう。児童館や企業によるイベントはあるだろう。自治会の「子ども会」も、地域によってはあるかもしれない。同時に、こども食堂も、そうした社会資源の一つになっている。地域のすべての子を対象に、体験と思い出を提供し、子どもたちの健全な発達を願い、できることをする。こども食堂が、このような体験と思い出を提供する社会資源の一つとなりつつあることの意味を、改めて考える。

2017年、こども食堂に関する農水省調査が発表された（農林水産省『子供食堂と地域が連携して進める食育活動事例集　～地域との連携で食育の環が広がっています～』）。

これまでも埼玉県のこども食堂調査などあったが、全国規模でサンプル数274というのは、実質的に初めてのものだ。（当時）私が関わっている「広がれ、こども食堂の輪！全国ツアー」実行委も調査に協力した。

調査結果でいくつか気になる点があったが、ここで触れたいのは一つだけ。

「子供食堂の課題」で「運営にあたり感じている課題」として、42・3%のこども食堂が「来てほしい家庭の子供や親に来てもらうことが難しい」を挙げていたこと、だ。

こども食堂の運営者がこの点を気にすることは、理解できる。低所得や養育困難な家庭の親や子が、自分のこども食堂にどれくらい来ているか、不安なのだ。ほとんどのこども食堂は、地域に開かれた形、対象となる子どもや大人を限定しない形で運営されている。現場に行けば「親子が楽しく食事する風景」に、よく出会う。子どもをあやしながら食事したり、親同士で話し込んだり、子ども同士で走り回ったり……。その風景は、町内会の「子ども会」や、児童館のちょっとしたイベント時と、何も変わらない。

同時に、こども食堂の運営者は、子どもの貧困問題に関心を寄せている人が多い。「子ども会」と変わらない場を自ら主宰しながらも、「これはこれでいいんだけど、本当に必要としている子に届いているんだろうか?」という〝もやもや〟があるのだ。私は、その〝もやもや〟を抱くこと自体がとても貴重で尊敬に値するものだと共感するが、その上で、以下のことにも触れておきたい。

こども食堂の「限界」

こども食堂は、お金を配る場でもなければ、子どもに行政的な「措置」を行う場でもない。来ることは義務ではないし、どういう場か知らない人も多い。知っていても「自分よりもっと大変な家庭のための場所」と誤解して来ない親子や、「施されるのなんて、まっぴらごめん」と反発して来ない親子や、人と関わること自体に抵抗感があって来ない人たちは、当然いるだろう。やっている人たちが百も承知しているように、こども食堂に「限界」はある。

しかし、限界のあることに意気消沈する必要はない。家庭にも限界があり、学校・施設・制度にも限界がある。すべてに限界はあり、限界があるからそれぞれの役割があり、だから他との連携が生まれる。限界があるものたちの、一つひとつの積み重ねで、世の中は動いていく。まずは前提として、その点は確認しておきたい。

とはいえ「来ない人が（世の中には）いる」ことと「来てほしい人が（全然）来ない」ことの間には、大きな開きがある。運営者の人たちは「どこどこの誰さん」と顔と名前が一致している「気になる親子」が実際にいて、その親子がこども食堂に現れないことを気にしているのかもしれない。

「どこどこの誰さん」という形で、地域に知られているような困難家庭は、いわば赤信号が灯っている。赤信号の家庭は目立つので、多くの場合、地域の人たちはもちろん、学校や児童相談所も把握している。しかし、どこも十全に対応できていない――そのような場合がある。

行政も含めて十分にリーチできていない人たちに、何らかのサポートをしたい――そのように願いながらこども食堂を開いている運営者の人たちは少なくない。しかしこの領域は、役所の相談窓口であっても、学校やこども食堂であっても、「待つ」対応では難しい。誰かが出向いて、話して、連れてこないかぎり、本人たちが来ることは、あまりないだろう。「アウトリーチ（手を伸ばす、出向く）」が重要なゆえんだ。

たとえば、学校のスクールソーシャルワーカーなどが家庭訪問し、家族支援を行いながら、友だち関係や地域の居場所づくりのためにこども食堂を利用する（スクールソーシャルワーカーがそのように促す、または連れてくる）などの、相互の役割分担を踏まえた連携が必要だ。だからこそこども食堂は、地域や学校の理解を得て、連携できる相手になる必要がある。

……ところで「来てほしい子」とは誰なんだろう？

こども食堂が「来てほしい家庭の子供や親に来てもらうことが難しい」という課題を乗り越えるためには、上記のような連携をコツコツと積み上げるしかないのだが、実はこのアンケート結果に対してもう一つ気になっていることがある。

もしかして行政目線になってはいないか、ということだ。

「来てほしい子」「必要としている子」という言い方には、どこか制度や基準を想定しているような印象を、私は持ってしまう。生活保護家庭とか、就学援助受給家庭とか、あるいはネグレクトの家庭とか。

たとえば、ある自治体で、小中学校の学用品費等を補助する就学援助制度の利用基準が年収300万円以下の世帯だとする。そしてここに、年収350万円の家庭で暮らすシュウくんという子どもがいるとする。行政は、シュウくんに就学援助を渡すことはできないし、渡してはならない。シュウくんの家庭は基準を超えており、就学援助を「本当に必要とする子ではない」からだ。基準そのものを見直すことはもちろんあっていいが、シュウくんだけをえこひいきし始めれば、行政はゆがみ、信頼を失い、果ては崩壊する。

では、シュウくんの両親が共働きでいつも帰りが遅く、毎晩ひとりで夕ごはんを食べているシュウくんが、友だちに誘われて、楽しそうだとこども食堂に来た場合はどうか。シュウくんは「本当にこども食堂を必要としている子ではない」のだろうか。そんなことはないだろうと思う。

こども食堂が提供するのは食事だけではなく、対象となるのも「食べられない子」だけではない。だんらんを求める子、体験を求める子、時間をかけてもらいたい子、すべてが対象だ。

そしてこども食堂は学校と違って義務で行くところではない。つまり、来るからには何か来たい理由があるはずだ。そう考えてくると、私は基本的には「必要としている子が来ているかどうか」ではなく、「来ている子が必要としている子」という考えでいいのではないかと思う。

ある客観的な基準で必要かどうかを振り分けるのは、すべての人のお金（税金）を使って運営されている行政の原則ではある。しかし、民間の自発的活動であるこども食堂は、もっと柔軟に発想していい。シュウくんを喜んで迎え入れられる点に、こども食堂のメリットがある。「本当に必要としている子かどうか」にこだわりすぎると、民間ゆえのメリットが失われてしまうおそれがある。

黄信号の子もカバーできる

では、「来ている子が必要としている子」という発想で運営して、結果的に「特に深刻な課題のない子どもたち」ばかりが来るのなら、結局こども食堂は子どもの貧困対策とは無関係、あるいは有効な場ではない、となるだろうか。

これも違うと思う。

これは結局「貧困とは何か」という問いに行きつく。「特に深刻な課題を抱えた子」と聞いて、多くの人がイメージするのは赤信号の子だろう。経済的に困窮しきって飢えているとか、身体的・精神的に虐待を受けているとか、家と部屋が悲惨な状態になっているとか。

しかし、日本政府および私たちが問題にしているのは、赤信号の子だけではない。黄信号の子を含む。それが「相対的貧困」ということだ。それは「餓死してしまう」という水準ではなく、「修学旅行に行けない」「進学できない」という水準を含む。

この点、「死ぬわけではないなら、たいしたことはない」という意見もある。死に至るから貧困は「あってはならない」のであって、修学旅行に行けないという程度なら、自分でなんとかすべき、と。

他方、日本政府や私たち、それに後述するOECDのような国際機関は、そのような立場をとっていない。私たちの立場は「死ぬわけでなくても問題」というものだ。なぜか。大きく2つの理由がある、と私は考えている。

①黄信号は、赤信号予備軍である
②持続可能な開発（発展）のためには、対応する必要がある

赤信号予備軍としての黄信号

まず、黄信号を放置すると、赤信号になりかねないということがある。

たとえば高齢者の場合、黄信号は「葬式に行けない」という形で灯る。ある程度の年齢になると、お世話になった方が立て続けに亡くなるということが起こる。地域でお世話に

なった方が亡くなった直後に、故郷の親族が亡くなる、などだ。

しかし、世の中には両方には行けない、という人がいる。香典がいる、旅費がいる。次の年金支給まで1ヶ月以上あるといった場合に、行ったら自分の生活が立ちいかなくなってしまうという人がいる。

「行くべきだ」ということは百も承知だが、行けないとなると、故人に対して大変申し訳ない気持ちになるし、情けなくもなるだろう。また、「あの人、来てないね」と言われているんじゃないかということも気にかかる。自分が行ってないからなおさら、クヨクヨと余計なことを考えてしまう。そして、地域や親族と顔を合わせにくくなり、地域づきあいや親戚づきあいから撤退していく。そうして、周囲とおつきあいのないひとり暮らしの高齢者ができあがる。ただし、この時点では周りは気づかない。飢えているわけでもないし、近所ですれちがっても変化には気づかないだろう。自分で言いふらすこともない。黄信号とは、このように「見てもわからない」。

その後しばらくして、この人に認知症が始まる。相談できる人もいない中で、だんだんと生活に支障が出てくる。ゴミの分別ができなくなり、家にゴミが溜まっていく。そしてゴミ屋敷になる。周囲が気づいて、騒ぎ出す。これが赤信号だ。赤信号が灯れば、周囲はみんな気づく。赤信号の特徴は「目立つ」ことだ。

修学旅行に行けない

高齢者の「葬式に行けない」。これの子ども版が「修学旅行に行けない」だ。

修学旅行に行けないというのは、当日参加できないというだけではない。修学旅行先で自由時間にどう行動するか、班ごとに事前学習をして決めるように言われるが、その話の輪に入れない。帰ってきてからも「あんときはああだった、こうだった」という思い出話の輪に入れない。

中高生ともなれば、かわいげもないので「そんなとこ行って何が楽しいのか」みたいなことを言ってしまって、「なに、あいつ」といった感じになる。クラスで「ぼっち（ひとりぼっちの意の若者言葉）」ができる。これが黄信号だ。この段階では先生も気づかない。たとえ気づいても手出しできない。誰かに靴を隠されたり、暴力をふるわれたわけではないからだ。「あの子があんなことさえ言わなければ」と思われているかもしれない。

しかし、そういう子は何かの拍子にいじめのターゲットになってしまったりする。それが何かの拍子に「事件」化する。ここが赤信号。赤信号は目立つ。「学校は何やってたんだ」「教育委員会はどうしてたんだ」「親は何をしていたのか」と、みんなが騒ぎ出す。

あっていい格差と行きすぎた格差

葬式に行かなくても、修学旅行に行けなくても、死ぬわけではない。暮らし続けられるし、学校にも通い続けられる。黄信号が全員赤信号になるわけでもない。なにくそ見返してやると奮起して、成功する人たちもいるだろう。そういう人たちは、どんな時代にも、どんな境遇に生まれても、一定数いる。それは立派なことだと、称えたい。

ただ、全員にそれができるわけではない、とも思う。仮に10人に2人でも3人でも赤信号になっていけば、赤信号の数自体は増えていく。そして、各地で住民や専門職が悪戦苦闘する中で実感しているように、赤信号が灯ってしまった人への対応は、大変だ。それは、地域と社会の体力を奪う。そしてそこから、第2の理由「持続可能な開発（発展）のためには、対応する必要がある」が導かれてくる。

相対的貧困率をとりまとめているのが、ＯＥＣＤという国際機関であることは、あまり知られていない。ＯＥＣＤは、正式名称を経済協力開発機構という。ＯＥＣＤの目的は、経済成長と開発と貿易だ（ＯＥＣＤ設立条約第1条）。

なぜ、国連の人権理事会ではなく、経済成長を目的とする国際機関が相対的貧困を調べているのか。経済成長に関係がある指標だと思っているからだ。なぜ、関係があるのか。

それを考えるには「格差」の議論を参照するのがわかりやすい。相対的貧困の「相対的」とは「格差」のことだから。

格差については、大方の合意がとれているポイントが2つある。1つは、ある程度の格差は、個人および社会の活力の源泉であるということ。どんなにがんばっても隣の人と収入が変わらなければ、がんばる気持ちは萎えていく。どんなによい商品を開発しても隣の会社と利益が変わらなければ、がんばる意欲は萎えていく。ある程度の格差は、人々ががんばり、イノベーションが起こるために必要なものだ。

もう1つは、しかし、行きすぎた格差は、世の中の足を引っ張るということ。不安やあきらめが蔓延し、世代を超えて固定化すれば社会の流動性が失われ、むしろ世の中の活力はそがれていく。治安も悪くなるかもしれない。テロとか、「誰でもよかった殺人」とか。メリット以上にデメリットが多くなる。

国連も、世界銀行も、IMF（国際通貨基金）も、そしてOECDも、この2つのポイントについては、おおむね合意している。

「なんでもっと早くに来ないんだ」の落とし穴

では「ある程度の格差」と「行きすぎた格差」、両者の境目はどこなのか。ＯＥＣＤは、それを相対的貧困率に見ている。「世帯の所得が中央値の半分未満の人たちの割合」という相対的貧困率の算定基準を決めているのはＯＥＣＤだ。日本政府ではない。それは「死んでしまう」という基準ではない。にもかかわらず、なぜその基準で出しているかと言えば、「このラインを下回る人たちがどんどん増えていくような国は、将来の経済発展に疑問符がつく」と考えているからだ。つまり、将来的な成長・発展、その国の伸びしろの一つの指標として考えている。だから「問題」なのだ。

「死んでしまうから、問題」なのではない。

「死なないかもしれないが、問題」なのだ。

そして、日本の国会も、ＯＥＣＤと同じ考えなので、２０１３年に「子供の貧困の対策の推進に関する法律」を全会一致で可決した。私たちはすでに「死なないかもしれないが、問題」という見方、考え方を採用している。

こども食堂の長所・メリットは、見てもわからないし、死ぬわけではないし、自分から訴えてくるわけでもない、この黄信号の子たちに対応できる点にある。

この子たちは、いわゆる「相談窓口」には、おそらく行かない。学校に相談窓口があっても、なかなか子どもたちが利用しない、という話をよく聞くが、そうだろうと思う。相談窓口は、とても大変になってしまった人が行くところと認識されている。行ったら噂になってしまいかねない。あいつ、あそこに入っていってたよ、とか。

また、そういう認識だから、行ったら自分ではもう自分のことをなんともできなくなっています、と認めることになるんじゃないかというおそれがある。白旗あげて助けを求めるイメージだ。それには誰しも心理的な抵抗を感じる。だから「行ったら負け」と思っている人もいるだろうと推測する。

そうやって自らがんばろうとする気持ちは、とても大事なものだ。だが同時に、そうやってがんばっているうちに一線を越えてしまうということもある。本当に、自分ではどうにもならないところまで追い込まれてしまう状態だ。それが赤信号。だから本当は、黄信号のうちに来てもらいたい、と支援する側はみんな思っているし、「早めに相談」「遠慮なく」「躊躇せず」と呼びかけている。ずっと。でも来ない。

結果として、来たときにはとてもとても大変な状態になってしまっている、という事態が相談窓口では日常的に起こっている。そして支援する側は何十年と同じことを言い続けている。「なんでもっと早く来ないんだ」と。しかしそれでも、早く来るようにはなっていない。今後もならないだろう。

青信号の顔をして行ける場所

発想を変える必要がある。「どうしたら早く来るようになるのか」ではなく、「どういう場所だったら行けるのか」と。そのヒントは「黄信号の子たちは、どこだったら行ってるのか」にある。

たとえば、地域のお祭りなら行っている。なぜ行っているのか。行っても噂にならないからだ。自分で「もう無理」と認めなくてもいいからだ。なぜ噂にならないのか。誰が行ってもいいからだ。青信号の子も行ってる場所だからだ。青信号の子も行ってる場所であれば、自分も青信号の顔をして行ける。「青信号の顔をして行ける場所」――黄信号の子（大人も同じ）への相談支援のキモは、そうした場をつくれるかどうかにかかっている。

だからこども食堂だ。どなたでもどうぞ、と誰にも開かれている場所だからこそ、いろんな人たちに混じって黄信号の子や家庭が来られている。見てもわからないだろう。本人たちも「何も困っていません」という顔をしているはずだ。だって、青信号の顔をして行ける場所だから来られているのだから。だからといって、その人たちは「困っていない人」ではないし、「何の問題もない人」ともかぎらない。そのことは、活動を続けていると、何かの拍子にわかる。あ〜そうだったんだ、と。

そこに、こども食堂の、行政や専門職には逆立ちしても果たせない機能がある。行政や専門職の相談窓口には、黄信号の子は行かない。地域のお祭りには黄信号の子も行っているが、そうした場にはそれに気づく機能がない。そこにアンテナが張られていない。こども食堂は、誰でも行ける地域交流の場として広がりつつ、そこにいる人たちには黄信号のサインに気づこうというマインドがある。アンテナが張られている。

これは、貧困対策におけるすごい「発明」なのだ。少なくとも私自身はそうした場をつくり、広げることはできなかった。それを地域の、主に女性たちが、全国津々浦々でやってのけた。イノベーションとはこういうことを言うのだと思う。だから私は、「こども食堂は貧困問題におけるイノベーションだ」と言ってきた。子どもの貧困対策と無関係だなんて、とんでもない。

「救済」と「予防」

赤信号がバンバン灯ってしまっている状態に対処することは、いわゆる「救済」だ。児童相談所による「保護」などが典型だろう。ときに保護者の親権を停止し、強制的に子どもを保護するようなことは、公権力の発動としてしかできないし、やってはいけない。そこまでいかなくても、行政等のさまざまな専門職がよってたかって介入することが必要な場面は、残念ながら、存在する。

他方、黄信号の子が赤信号まで至らないようにサポートすることは、いわゆる「予防」だ。有害図書を子どもの目に留まるところに置かせないようにしたり、夜間に繁華街をパトロールしたりする「非行防止」の活動が盛んだった時期があるが、それは「予防」的な活動と言える。そして、その担い手は地域住民だった。

「救済」は、その子に具体的な変化が表れて「成功」となるが、「予防」は、具体的な変化の表れないこと、ある意味では「何も起こらないこと」が「成功」となるので、一般的な意味ではよりわかりにくい。わかりやすい「手ごたえ」がないからだ。

だが、どちらも等しく重要だ。

こども食堂は「子どもの貧困対策」という観点では、より予防的な役割を果たしている。「予防」とは、一言でいえば「子どもたちがこぼれにくい地域づくり」である。たしかに今は何とかなっているかもしれない。家庭が崩壊しているわけでもなく、ツギハギだらけの服を着ているわけでもない。赤信号の子ほどには目立たないかもしれない。しかし、何らかの欲求があって、こども食堂に来ている。こども食堂に来て、友だちと遊んだり、多様な大人に関わってもらったりして、今は言葉にできなくても、新しい価値観を知ったり、それが人生の選択肢を広げていったりしているかもしれない。それは、とてもとても大切なことだ。そして何かの拍子に黄信号に気づいてもらえれば、対処してもらえる。

赤信号の子に、行政が届かない支援を届けることは、立派な貧困対策（事後の「救済」）だ。同時に、黄信号の子に、参加や体験の場、さりげなく見守る場を提供することも、同様に立派な貧困対策（事前の「予防」）だ。前者は目立つし、わかりやすく、後者は目立たず、わかりにくい。だが、とても重要だ。それがなければ、蛇口全開のまま水をかきだすようなことになるからだ。

子どもがこぼれにくい地域づくり

すでに大変な状況になってしまっている子に手を伸ばすには、専門職らとの連携やアウトリーチが重要で、それはこども食堂にとって「連携」の課題と認識されている。同時に、黄信号の子も含めて「すべての子」に開かれているところに、民間の自発的活動であるこども食堂のメリットがある。

両者は「子どもがこぼれにくい地域づくり」という点でつながっている。両者は矛盾していない。両方を追求することが可能で、望ましい。黙ってちまきや柏餅を食べながらも、「こどもの日にいろんな人たちと一緒にちまきや柏餅を食べた体験」によって、社交性や、文化や地域を大事に思う気持ちがはぐくまれる子がいるだろう。黙ってちまきや柏餅を食べながらも、「こどもの日っていうのがあるんだ」「ちまきっていう食べ物があるんだ」「みんなで食事するって楽しいんだ」と衝撃を受けている子もいるだろう。

誰がどこでどんな影響を受けるか、すべてを予測することは難しく、だからこそ、すべての子に開かれていることの価値がある。

その子たちの社会資源として、こども食堂が広がり、持続していくことを望みたい。

第三章

コロナ禍を逆手にとれる底力

1　それでもこども食堂は動き続けた

学校一斉休校でこども食堂は……

2020年2月27日、政府が学校一斉休校の要請を出した日、私はこども食堂の人たちにこう連絡した。

今日、政府が「公立小中高校の臨時休校」を要請したことで、こども食堂の開催をめぐる状況も一段階異なるステージに入ったように感じています。

今後は、3月中は臨時休校とする学校、それに伴い中止・延期するこども食堂が全国的に増えていくのではないかと推測します（もちろん、幼稚園・保育園や放課後児童クラブが一斉休校の対象でないことなどから、開催の決定をされるこども食堂さんもおられるでしょう。むすびえとして開催・中止どちらかを推奨するわけでないことは、従来と変わりません）。

同時に、ふだんこども食堂に来ている子・家庭、またその中で「気になる子や家庭」について、その期間中にどうフォローするかに懸案が移っていくように感じます。

すでに、フードパントリー（食材や弁当配布）など計画しているこども食堂さんもおありになるようです。気になる家庭への配食や訪問を考えておられるこども食堂さんもあるのではないかと推測します。

もし、こうした対応状況や事例について、ご存じの方がおられたら、情報提供いただけるとうれしいです。「3月をどう乗り切るか」で悩んでおられる全国のこども食堂さんの参考材料になると思います。

「こういうことがやれないかと検討中」という未決定事項でも結構です。

よろしくお願いします。

政府の学校一斉休校要請に対して、各地の反応はさまざまだった。たとえば滋賀県のこども食堂のとりまとめ団体「子どもの笑顔はぐくみプロジェクト」は、翌28日、以下のメッセージを公表した。

子ども食堂の開催中止について（お願い）

時下、ますますご清祥のこととお喜び申しあげます。

皆さまにおかれましては、日頃より子ども食堂を通じた地域づくりにご尽力いただきありがとうございます。

さて、新型コロナウイルスの感染拡大に伴い、27日に政府からの全国の小中高校等の臨時休校の要請があったことを受け、子ども食堂にかかわる全ての方の健康と安全を守るため、子ども食堂を当面の間中止いただくようお願い申しあげます。

開催の準備をすすめていただいていたところと存じますが、ご理解いただきますようお願い申しあげます。

（出典：子どもの笑顔はぐくみプロジェクト〔筆者が一部抜粋〕）

ただ、「開催中止」だけでは済まない個別事情にも、多くのこども食堂関係者が気づいている。

給食がなくなることも踏まえて様々な問題が出てきます。

とりあえず学童は対象外であるため、学童がどうなるのか、こども食堂のように集団でご飯を食べることへの懸念はどう考えていくのか、ひとり親家庭の子どものフォローはどうするのかなど、明日は内部でも検討していくことになります。

こども食堂に深く関与する市役所職員の27日のメッセージだ。「長い夜になりそう……」との記述もあった。

感染拡大を最大限防止するためには、みんなが集まらず、家でじっとしているのがいい、というのは理解できる。他方、自宅待機やテレワークが可能な職場ばかりではない。祖父母に頼れる人ばかりではない。さまざまな家庭の個別事情がある中で、小さい子を長時間、1ヶ月近くの長きにわたって、突然、家に置いておくことによる「別の危険」も意識される。

• 学校が休校になり、そして児童クラブや保育園も含め、子どもを取り巻く環境がどうなっていくのか、見えてくると、子どもや保護者のニーズや子ども食堂としてできることが見えてくると思いますが…。今は分からず不安です。親も、子どもも、学校も、みんな不安ですよね。（前述の鹿児島県・園田さん）

・私たちもかなり、パニックです。（長崎県のこども食堂運営者）

こども食堂の運営者は、地域の一住民。特別な情報を持っているわけではない。学校をどうするか、保育園や放課後児童クラブ（学童保育）をどうするか、自治体によって対応が分かれる場合もあるだけに、こども食堂の人たちも、当初は混乱していた。

「大変かもしれない誰か」を起点に動き出す

しかし混乱の中にも、自分にできることを考え、動き出そうとする姿が、すでに2月27日の時点で見られたことに、私は感動した。

・さきほど運営者みんなで決めたのですが、予定の3月7日は中止するけど、いつも提供してもらっているパンや野菜は予定通りいただき、必要なご家庭にお渡しすることになりました。（園田さん）

・もともと、市内7店舗のお弁当屋さんにご協力いただき、「こどものつながるごはん」として、18歳以下の子どもに無料でお弁当を渡していただいていました。そのときの「無料チケット」がありますので、今回、各ご家庭に（参加者の住所は把握しておりますので）配ろうか、と思っております。（前述の福井県・中村さん）

- 3月のこども食堂は中止して、当日は会場で待機し、必要な家庭にだけ食事を提供しようと思っていました。でも今回の小中高の休校のニュースをきき、それでは全く足りない、他の策を考えなければ、と思っています。うちで個別にフードバンクで支援している家庭でも、休校の間は給食がなくなってしまうため、緊急に食品のお届けをする必要があると思っています。また、年2回開催しているフードパントリーを、3月に緊急でやろうかと考えています。また、学校給食の食材が大量に余るので市からそれを提供していただけることになりました。何らかの形で必要な家庭に届けたいと考えています。（三重県のこども食堂運営者）
- 県の母子会会長とこども食堂が連携しパントリーの拠点を数ヶ所設置しようか、という話し合いも始まってます。（ある県のこども食堂運営者）
- 私は今、医療関係の仕事ですが、病院から「休みになったら医療機関がパンクするおそれがあるので、居場所作りとしてこども食堂を開けてくれないか」と要請がきてます。クローズドで、ふだんから、こども食堂に来ているシングルマザーのお子さんを中心に預かるのと、病院で働いている人などのお子さんを中心に預かることとしました。夏休みに、子どもの居場所作りとして週に3回開けていて、また、昼食も出してましたので、やろうと思います。(前述の長崎県のこども食堂運営者)

こども食堂のほとんどは、地域全体に開かれた地域交流の場。困っている子どもや家庭だけが来ているわけではない。しかし「みんな」の中に、さまざまな事情を抱えた家庭があることは、学校や保育園と変わらない。こども食堂のみなさんは、その「みんなの中の誰か」にアンテナを張っている。「大変かもしれない誰か」を起点に自分たちにできることを考える姿勢は、突然の学校一斉休校要請という事態に遭遇しても変わることはなかった。そしてそれが、コロナ禍に明け暮れた2020年における、こども食堂の一貫した基本姿勢だった。

こども食堂の人たちのため息が溢れる

「子ども食堂9割休止、NPO調査　半数は食料配布に移行」(共同通信)

4月13~17日に私たちが行った全国アンケート結果を報じた記事の見出しだ。一堂に会する形での居場所は「密」を避けるために開催できなくなっていたが、半数が食材配布などに形を変えて活動を継続していた。より正確には、10%が一堂に会する形での居場所を開催、21・2%が弁当配布、22・1%が食材配布、3%が宅配便等による食材宅配(「こども宅食」とも言われる)だった。形を変えての活動継続が46・3%に上った。先に紹介したこども食堂運営者の行動は、全国のこども食堂の行動でもあったことが裏付けられた。

福井県の「こども食堂　青空」の中村さんは、先の「つながるごはん」に加えて、地元スーパーと交渉して駐車場を借り、即席のドライブスルー方式の弁当配布も行った。和歌山県「おのみなとこども食堂」の岡さんは地元飲食店に弁当代を提供し、子どもたちが受け取りに来たらお弁当を渡してもらう「こどもの日イベント」を開催した。経営が厳しくなっている地元飲食店支援と子ども支援を掛け合わせた形だ。創意工夫に満ちた取り組みが全国で展開された。

すごいことだと思った。

3月2日の学校休校から、4月7日の緊急事態宣言を経て、それが解除される5月末までの3ヶ月間、世の中はほぼ止まっていた。学校は休校、イベントは中止、4月の訪日外国人数は99・9%減の2900人、GWの新幹線乗車率は95%減少、ステイホームの掛け声一色だった時期だ。なのに、こども食堂の人たちは動き続けた。

それは、波のない静かな水面でバシャバシャやっているようなもので、目立った。その結果、厳しい視線にさらされることにもなった。上記アンケートの自由記述欄には、こども食堂の人たちのため息が溢れた。

- 子ども食堂を開催することへの理解をもっと高めたい。閉鎖すべき論もありますからね。（福島県）
- 子ども食堂に来ていない「周囲」から、この状況で集まりを持つのか、何かあったらどうするのだ！　という圧力があるので開催をやめた。（埼玉県）
- なんでも自粛の風潮の中で、活動する肩身の狭さ。（埼玉県）
- 行政は困窮家庭への状況に共感的でパントリーの開催にも協力的であったが、こんな時期に開催していいのかという声が地域から聞かれた。世間というものはこういうものだと厳しさを知った。（東京都）
- 人と会えば必ず感染リスクが上がるので、こどもたちも、こどもの家族も、わたしたちスタッフも心配だ。コロナにより近隣の視線が厳しくなった、とにかく気疲れがする。（神奈川県）
- 社会福祉協議会へ「この状況でもまだ開催しているこども食堂があるが、衛生的に大丈夫か」等のクレーム電話が入っている。（大阪府）

・地域の人の理解・協力が得られない。壁が高すぎる。（兵庫県）

読んでいて切なくなったが、これが現実だとも思った。

こども食堂は新しい現象だ。認知度は高いが、多くの人々に「暮らしに不可欠な場」と認めてもらうまでには至っていない。やっている人たちには「ここがなくなったら、あの子は、あの家庭はどうなる？」という切迫感がある。しかしその切迫感は、外には伝わり切っていない。だから人によっては「不要不急の会食」と同じに見えたのだろうと思う。不要不急の会食なら、あの緊急事態宣言下でわざわざ開くのは非常識きわまりない。たまたま通りかかって、人々が弁当配布の列に並んでいるのを見て、「いったい何を考えているんだ」と憤った人がいたのだろうと推測できた。

だからこそ私たちは、早く「こども食堂のある風景があたりまえになる」状態を目指してきた。スーパーは緊急事態宣言下でも開いていた。みんなが「暮らしに不可欠」という認識を共有しているから、開くのはけしからんと通報されない。こども食堂も「暮らしに不可欠」「やっててあたりまえ」となれば、通報されることもないはずだった。しかしそうなる前に、そこまで地域と社会に定着する前に、コロナが来た。私たちの活動が十分でないことが、回りまわって、今このようにこども食堂の人たちを苦しめている。

これが現実だと思いつつ、やはり切なくなった。

食材支援が一気に押し寄せる

しかし「捨てる神あれば拾う神あり」で、波のないところに波を立てるこども食堂の活動は、多くの支援を引き寄せもした。

ゼスプリから　キウイ　5万9000個
農協（JA）から　ロングライフ牛乳　4万7000本
ネスレ日本から　キットカット　150万個
神戸物産から　レトルトカレー　1万6000食
ポッカサッポロフード&ビバレッジから　飲料6種類詰合せ　2万3000本
大正製薬から　リポビタンDキッズ　15万本
……

このような食材支援が一気に押し寄せた。資金支援も同様だ。イオンやP&G、メルカり、三菱商事といった大手企業からITベンチャー企業に至るまで、また、稲垣吾郎・香取慎吾・草彅剛氏が日本財団と共同で創設した「LOVE POCKET FUND」や、サッカーの長友佑都氏が集めたクラウドファンディングの資金まで、多くの企業・団体から資金支援をいただいた。みなさん、「こども食堂を通じて、コロナ禍で大変な思いをしている子どもや家庭を支えてほしい」と託してくれた。

これらの企業・団体は「今、コロナ禍で大変な子どもや家庭があるはずだ」と考えた。その人たちのために何かしたいが、自分自身がつながっているわけではない。では今、その人たちとつながっているのは誰なのか、誰を支えれば大変な子どもや家族を支えることになるのか、と世の中を見渡した。その目に止まったのが、波のないところで波を立てているこども食堂の人たちだった。

こども食堂の人たちの中で、目立つことを狙って活動を継続した人は一人もいなかったと思う。みんな、止むに止まれぬ気持ちで、この状況下でも自分たちでできることは何かと考え、できることに着手した。その結果、通報もされたが、支援を集めもした。じっとしていれば、通報されることもなかったが、支援が集まることもなかっただろう。「動く」というのは、そういうことだ。

生活の困難を抱えた家庭が顕在化する

約半数のこども食堂が行った弁当・食材配布活動は、こども食堂の風景も変えた。

コロナ以前、こども食堂とは地域の人々が一堂に会し、ともに食事をする場所だった。そこには子ども・保護者・高齢者が集い、地域の交流拠点として機能した。運営者は子どもの貧困問題に関心を寄せる人が多かったが、世間一般の先入観とは異なり、それを前面に出して運営しているこども食堂は稀だった。

コロナによって、一堂に会することが困難になり、弁当・食材配布活動に形態を変えた。弁当を100個とか200個、食材を詰めたダンボールを100箱とか200箱用意して、取りに来た家庭にお渡しする活動だ。そうすると、生活に苦労している家庭が目立って増えた。

理由はいくつか考えられる。

まず、コロナ禍で生活に困難を抱える家庭の数が増えた。特にひとり親家庭は、学校休校によって子どもが日中も家にいることになり、親が仕事に出られなくなったり、出る時間を調整せざるを得なくなった。収入減、支出（食費）増のダブルパンチで、もともと楽ではなかった暮らしはさらに厳しくなった。

4月に「むすびえ」が実施した全国アンケートの自由記述欄には、弁当・食材配布を通じて見えてきた光景についての記述が並んでいる。

- 保育士などで働かざるをえないシングルマザーの方がトイレットペーパーを買いに薬局に並ぶことができない、多子世帯のシングルマザーの方の子どもたちの食事の準備ができなくて困っているなどの声を聞いています。（東京都）
- 休校期間中に5回のパントリーを開催しましたが、毎回ものすごい勢いで申し込みがあります。お困りの様子、ニーズを感じています。（埼玉県）
- 今後もまだこのコロナウイルスの収束には時間がかかると思います。すでにうちの関係者の中に仕事がなくなり、経済的に困窮している母子家庭や、DVで母子が行方不明になっている家庭もでてきています。（東京都）
- 3月5日〜5月1日まで給食が無くなって困っている小学生を対象に毎日無償でお弁当を配っています。最初は20食の注文が今では80食強の注文が来ています。（神奈川県）
- あるお母さんから、食物は毎週末持って来てくれるからどうにかなるけどオムツが買えないんですと言われた時はとても衝撃的でした。すぐ孫のオムツを持っていきましたがお母さんは涙ぐんでいました。現金が入らないっていうことなんです。家賃も払えなくなり不安しかなくなっていくんです。私達のすることはたかが知れていますす。どれだけご家族に寄り添えるでしょうか？ ご家族を守りたい、スタッフも守りたい。私達に何ができるでしょうか？ 私たちがつながるご家族は生活困窮、孤食、孤立が全て合わさったご家族です。だんだん家庭内暴力が増えてきました。自殺者がでないことをただただ祈っています。大声で助けてと叫びたいです。（埼玉県）

世の中全体で苦しい人たちの比率が増えたから、食材配布の現場でもその比率が増えた。ただ、それだけではなかった。

自治体との協力関係が進む

自治体が、こうした活動を案内するようになった。

コロナ以前、こども食堂の活動を積極的に周知・広報する自治体は多くはなかった。こども食堂の運営者は一民間人。個人情報を持っていない。生活の厳しい家庭の子どもにこそ来て欲しいと思っても、それがどこの誰だか知りようがない。他方、自治体は各種の個人情報を持っており、生活の厳しい家庭もある程度把握している。自治体が広報協力してくれればもっと必要とする家庭に情報を届けられるのに、と考えていたこども食堂関係者は多かったが、自治体の協力はなかなか得られなかった。

それがコロナで変わった。

コロナ禍で対面が制約され、行政も職員による訪問などが難しくなったことが背景としてある。こども食堂の活動も含めて、民間のつくる機会も活用しようという機運が高まった。弁当・食材配布の情報を自治体の生活困窮系の窓口に掲示したり、登録している要支援対象児童の家庭に、いつどこで開催されるのかを案内する自治体が出てきた。未曽有のコロナ禍において、民間の力も借りて地域の見守る網の目を細かくしていかないと、取り残される家庭が出かねない、という危機感の表れだ。

厚労省もそれを後押しした。4月に「子どもの見守り強化アクションプラン」を発表し、対面による訪問などが制約される中、生活困難家庭への見守り力が低下しないよう注意を促すとともに、コロナ禍で新たに生活困窮に陥った家庭が行政支援からこぼれないよう民間の活動とも連携して見守りを強化するよう自治体に呼びかけた。連携先には、こども食堂とこども宅食が明記された。このプランは6月編成の二次補正予算で予算化もされた。厚労省が、予算化した政策に「こども食堂」を明記するのは、これが初めてだ。自治体の案内で、生活に苦労している家庭が弁当・食材配布の現場を訪れるようになった。これもまた、困難家庭の比率を高めた要因の一つに挙げられる。

さらには、弁当・食材配布という活動形態そのものが、一堂に会する形での居場所開催に比べて生活困難を見えやすくするという側面もあった。

弁当や食材配布は、個人や個々の世帯に提供するものだから、手渡しする際などに一対一の場面が出てくる。そのときに「うちもね……」と、家庭の事情に分け入った会話になりやすい。居場所だと、みんないるし、話しかけている人以外にも聞こえてしまうので、立ち入った話になりにくい。そのため、前からこども食堂に来ていた同じ家庭が、実は結構大変な状態だったんだと、弁当・食材配布をやってみて気づいた、という話をよく聞いた。


はじめてパントリーを開催してみて、普段のこども食堂への参加者とは全く層がちがい、現実的な状況を目の当たりにして正直びびった。いかにふだんのこども食堂が青信号の人たちにカムフラージュされていたのか知った。（東京都）

「青信号の人」というのは、課題がない人という意味。誰かが意図的に「カムフラージュ」していたわけではないが、ふだんのこども食堂で見せていた側面と違う面を、弁当・食材配布の場面でのぞかせる参加者は少なくなかったのだろうと思う。

なんとか寄り添いたい、励ましたい、元気づけたい

そしてこども食堂の人たちは、そのような場面を活用して、なんとか気持ちを届けようとしていた。

- やはり「食」を通して笑顔や美味しさ、安心感などへ少しでも繋げられたらなと思います。こども食堂は、親御さん始めお子さん方みんなの事を応援してるよ！　っていう心みたいなものも届いたらなぁとも思います。（東京都）
- この6回の食材のお届けは私達の絆をとても強くしてくれたと思っています。お母さんからは少しずつ本音が出てきたり、子ども達はわざわざ外で待っていてくれたり、楽しみにしてくださっているご家族ばかりです。今一番大切なのは食材もそうですが、お母さんが1人では無いと感じてもらうことだと思っています。会うことで喜怒哀楽を出して自分を見失わないでほしいと願っています。（神奈川県）

・食事の配布というきっかけを通じて「○○食材が入ったから」「弁当持っていくね」などの保護者も含む会うきっかけとしての声かけが連日不安な感情に安らぎを持たせ、孤立感を防ぐサポートになることだと感じています。（富山県）

・人を集めて食事や居場所を提供する活動はできない。再開も、しばらくは不可能。では、食材料を配る拠点としての方向が今いちばんのように思います。情報提供や、物品お渡しの際に、各家庭の無事の確認・ストレス発散になるように。（兵庫県）

・食事などを提供するだけではなく、一緒に食べて、傾聴してあげることが大切であるように感じます。傾聴してあげるだけで気持ちが軽くなったり、孤独に感じることの軽減ができると感じます。（熊本県）

・ネグレクトや虐待など、困難を抱えた子どもがいるし、休校や保育園・学童の縮小で、家庭でストレスを抱えた親子がいる。毎週の配食で顔を合わせることで「ホッとする」という声もある。私たちは「配食」「お届け」することで、子ども達・家庭の様子を見ている。（熊本県）

・パントリー活動を通してふだんのこども食堂には参加していない人たちとつながった。前半開催時は、食材を渡すだけでなく、1家族に1スタッフがついてヒアリングをしながら行ったがそこで見えてきたのは、多くの家庭、特に1人親は食材のみでなくて

つながりを求めていると感じた。そうした意味ではこの具体的ツールとしてのパントリーはとてもいいツールだと思う。（東京都）

・フードパントリーの中で忘れていないこと、一人では無いことを伝えていければと思います。（兵庫県）

「食事の配布というきっかけ」という表現があるが、弁当・食材というツールを活用しつつ、なんとか寄り添いたい、励ましたい、元気づけたい、という気持ちが伝わってくる。一堂に会する形でのこども食堂が「みんなで食べる、だけじゃない」場所だったように、弁当・食材配布の現場も「弁当・食材を手渡す、だけじゃない」場所だった。

問題は費用

この体験は、こども食堂の人たちに少なからぬ影響を与えた。

見える景色が違ったことを「これだ！」と強く肯定的に受け止める人たちが出てきた。すでに書いたように、こども食堂は「どなたでもどうぞ」とオープンに運営されているところが多い。同時に、運営者は子どもの貧困問題などに関心を寄せ、課題を抱える子どもや家庭のために自分でできることをしたい、と考えている人が多い。弁当・食材配布の現場は、その思いに響いた。必要な人に届いている、という手応えを感じられたのだ。「今後は、弁当・食材配布に活動の軸足を移していこうと決めました」と言ってくるこども食堂が出てきた。

そこまでいかなくても、コロナ禍の収束が見えずに居場所の再開が見通しにくい中、当面弁当・食材配布を継続していきたい、と考えるこども食堂は多かった。

問題は、費用だった。

個人や個々の世帯に小分けして配る弁当・食材配布は、居場所を開くのに比べて費用がかさんだ。一堂に会する形での居場所型のこども食堂なら、10皿分のカレールーを10箱買ってくれれば、１００人分のカレーがつくれる。しかし食材配布となると、５皿分のカレールーを１００箱買わないと１００世帯には渡せない。その日にもらった寄付の野菜で間に合わせるということもできない。お米や調味料、子どもの喜びそうなお菓子を最低限用意するだけで、居場所開催のときに比べて数倍の費用がかかった。２倍と表現する人たちから10倍と表現する人たちまでいた。

加えて、コロナ禍の活動では、アルコール消毒液等の消耗品費も大きかった。弁当配布ならそこまでの費用はかからなかったが、こちらはこちらで夏場を前に食中毒発生の懸念があった。

だから私たち「むすびえ」は、集めた食材・物資・資金をせっせと現場に回した。助成金を1億2千万円配り、食材・物資は2億円分（売価換算）を全国のこども食堂に送った。なんとかしてこの現場を支えたかった。

2 コロナ禍で活動が多様化する

これまでと違ったこども食堂が目立ち始める

コロナ禍によって活動形態の多様化が起こり、それぞれに特有の課題もある、という状態が生まれていた。その状況を、私は2020年5月に図のように整理した。

・こども食堂の半分は活動休止、半分は活動継続。ただしその大半は弁当・食材配布

・居場所を再開したいこども食堂は多いが、感染拡大の懸念がある

活動していない	
新規立ち上げ型	⑥閉鎖
コ・他分野 食事支援	やめようか……
◎	○
○	○
◎	◎
◎	◎
のため、何のたにやるのかとノハウ支援	「やっぱやらなきゃ」という気持ち
材・資金・ノウウ	気持ちの応援

		今活動している			
		①復帰型	②移行型	③併用型	④再開型
		フードパントリー（FP）等からこども食堂に戻す	フードパントリーを主軸に	こども食堂＋FP	休止→こども食
実現に必要なもの	A 食材・費用	○	◎	◎	○
	B 関係者・周囲の理解	◎	○	◎	◎
	C 気持ち・ピアサポート	○	○	○	◎
	D 意義・展望	○	○	○	○
強いて言うと		スムーズに復帰するために周囲の理解を	2倍の食材・資金・マンパワーが必要	3倍以上の食材・資金・マンパワーが必要	「よいしょ！」いう気持ち
むすびえ（中間支援）にできること		自治体・地域団体の理解、簡易ハンドブック	食材・資金提供	食材・資金提供	気持ちの応援

加えて、事態の不確実性・流動性（地域別第2波）に柔軟に即応できる備え

図表 6月以降のこども食堂

- 食材配布に手応えを感じているこども食堂は多いが、費用の懸念がある
- 弁当配布を併用したいこども食堂も多いが、食中毒の懸念がある

GW前に緊急事態宣言の1ヶ月延長があったばかりで、5月中に感染拡大が収まるのか、6月までの再延長があるのか、読み切れないことが多かったが、強調したのは③併用型が生まれていくだろうということだった。弁当・食材配布で見えてきた景色に手応えを感じているこども食堂の人たちが、仮に感染が収まって居場所を再開できるとなっても、そのやり方を手放すとは思えなかった。

4年前、私はこども食堂を次ページの図のように分類した。あくまで理念型だが、こど

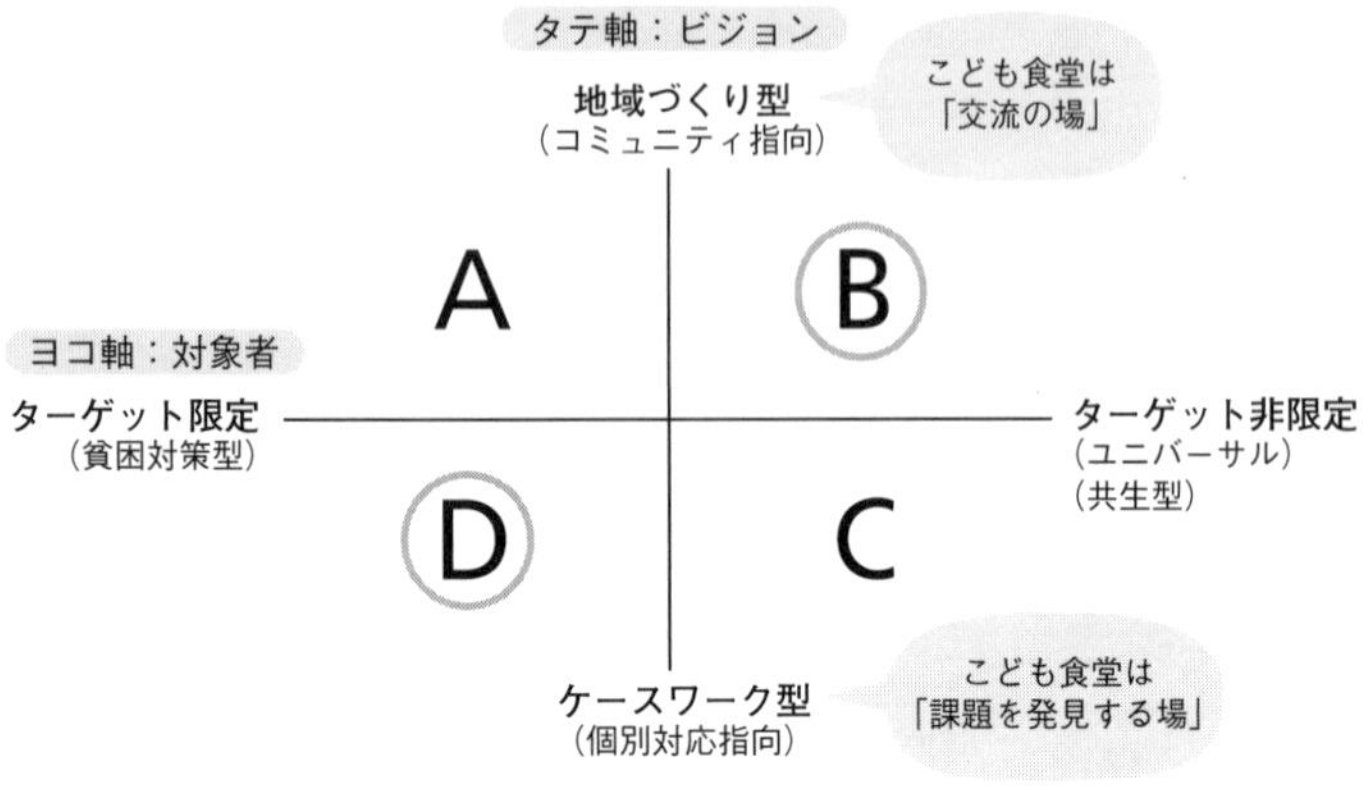

図表　こども食堂の類型（理念型）

も食堂をめぐる混乱を整理するためだった。その際に書いた文章を、少し長くなるが、引用する。

［軸は2つ］

軸は2つだ。ヨコ軸は、ターゲット（対象者）。貧困家庭の子どもに絞り込むかどうか。タテ軸は、目的。課題を抱える子どもに対するケア（ケースワーク）にあるのか、地域づくりにあるのか。

もちろん「課題を抱える子のケアを通じた地域づくりが目的だ」という人はいるだろう。それを否定したいわけではない。ここでは、とりあえずこども食堂が「課題を発見する場」なのか「交流の場」なのか、どちらにより多くの重きを置いているか、の違いと考えてもらえればよい。

［メインはB型とD型］

現実のこども食堂、そして運営している人たちが目指しているこども食堂を考えると、おそらく大多数のこども食堂は、B型かD型に属する。

○B型：対象を限定せず、交流に軸足を置く。

貧困家庭の子たちだけを相手にするわけではない。そうでない子どもたちも、そしてまた大人たちにも、来てほしい。多くの人たちがごっちゃに交わる交流拠点のイメージ。みんなでわいわいやりながら、食卓を囲み、思い思いに過ごす、寄り合い所のイメージ。B型をさしあたり、「共生食堂」と呼ぶ。

○D型：貧困家庭の子を対象に、課題発見と対応（ケア、ケースワーク）に軸足を置く。

もう一つの典型例がD型だ。たとえば貧困家庭の子に学習支援を行う無料塾がある。行政や学校の紹介で子どもたちが通い、教師経験者や大学生など一定のノウハウを持つ者が対応する。それの食事版とイメージすると、わかりやすい。無料塾が学習面での相対的落ち込み（格差）を挽回するために行われるように、D型こども食堂は食事面・栄養面での相対的落ち込みを挽回するために開かれる。そして、一緒に食卓を囲むことを通じてつくられた信頼関係を基礎に、家族のこと、学校のこと、進路のことといった子どもの生活課題への対応（課題解決）を目指す。さしあたり、D型は「ケア付食堂」としよう。

○D型の派生形としてのC型

他方、A型とC型は、実際にはあまりない形態だ。

C型は、D型の派生形として表れることが多い。「貧困家庭の子だけと言うと、貧困家庭の子が来づらくなるので、どなたでもどうぞと言っている。でも本当に来てほしいのは貧困家庭の子」というような場合だ。本当にやりたいのはD型なのだが、戦術的にC型をとっている。

○レアなA型

A型はさらにレアだろう。フードバンクが貧困家庭の子に食料支援を行うために、家庭の食材を持ち寄ってもらうフードドライブ（家庭で余った食材を寄付する）を行ったり、イベントを行ったりして、地域全体の雰囲気を高めるというような場合が考えられるが、こども食堂を名乗るケースは少ないだろう。

このときは、こども食堂の多くが「共生食堂」でありながら、世間一般には「ケア付食堂」と見られているという「ねじれ」を意識して、主にこの2つについて議論を展開した。だが、コロナ禍が浮かび上がらせたのは、むしろAとCの象限だった。

「大変です」と言いやすくなったから……

コロナ禍で一堂に会する形での居場所が開けなくなり、少なからぬこども食堂が弁当・食材配布に移行した。それまで告知していた人たちや地域に知らせながら行う弁当・食材配布は、対象を特に限定したものではなかった。だが、実際にやってみると、いくつかの要因が重なって、生活困難家庭に対する個別支援の要素が強くなった。これは、図で言えばCの領域に当たる。

もともとCの領域は、「『貧困家庭の子だけと言うと、貧困家庭の子が来づらくなるので、どなたでもどうぞと言っている。でも本当に来てほしいのは貧困家庭の子』というような場合だ」という場だった。この「本当に来てほしい」人たちとの出会いが、弁当・食材配布で図らずも実現できたことになる。

また、対象をひとり親家庭などに限定した弁当・食材配布も一部で行われたが、この場合も「コロナ禍における緊急支援」として、広く地域に呼びかけて行われた。スーパー等でのフードドライブ、店頭募金など、「いま大変なこの人たち」に対象を限定した支援活動がオープンに呼びかけられた。震災時の被災者支援に似ている。これは、図で言えばA

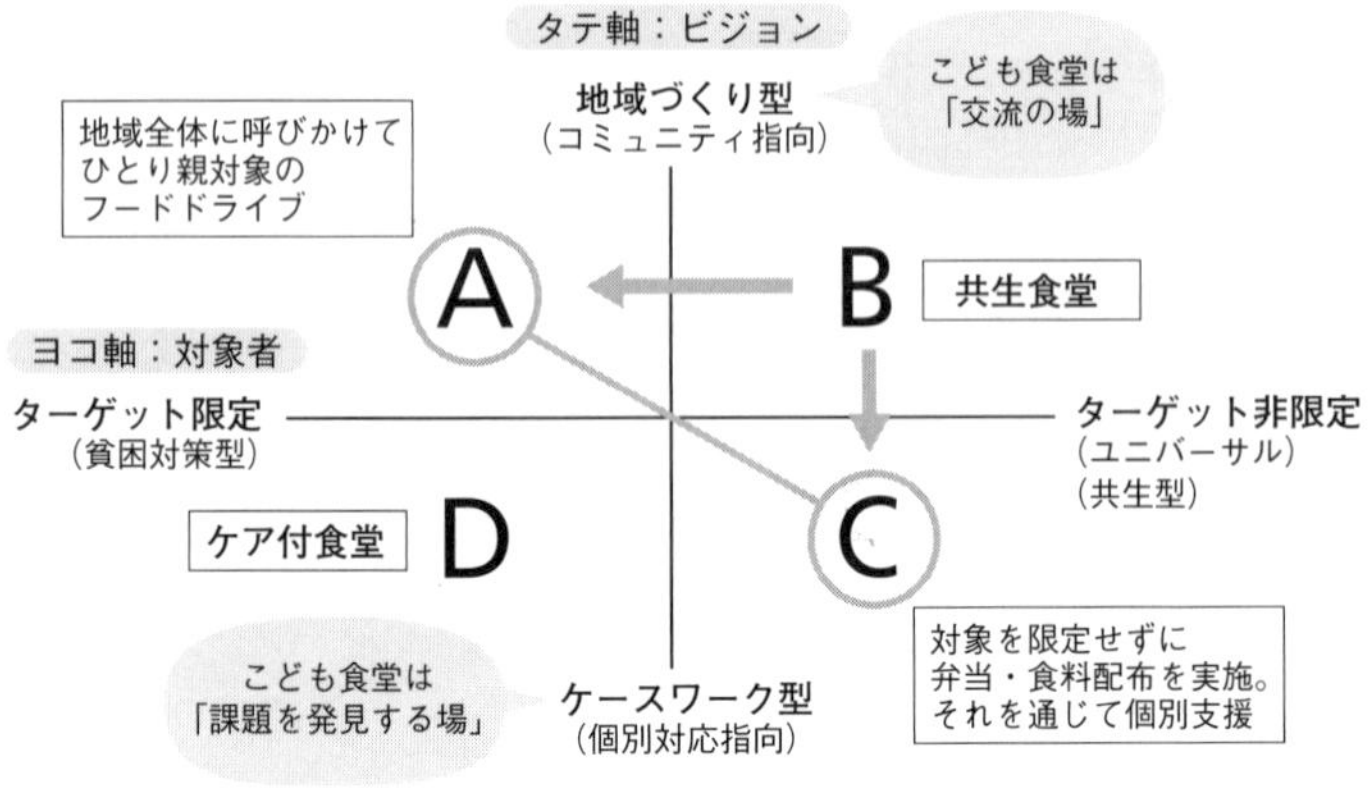

図表　コロナ禍で起こったこども食堂の変容

の領域に当たる。コロナ禍でAとCの領域が活性化した。

4年前、私はAとCはレアな形態だと書いた。実際、コロナ以前にはそれらの取り組みは十分に普及しなかった。要因は、地域・社会と個人の双方にある。

ひとり親家庭対象のフードドライブを地域全体に広く呼びかけるといったことは「親を甘やかす」といった反発を招きやすかった。そうするとAの領域の取り組みは広がらない。また、そういう地域・社会の雰囲気を感じると、個人の側にもオープンな場で自分の窮状を話すことにためらいが生まれる。そういうことは「他人に知られたくないこと」「話すのが恥ずかしいこと」になる。そうすると、Cの領域の取り組みは広がらない。その状況をコロナ禍が変えた。

一言でいえば、地域・社会がやさしくなり、大変な個人が「大変です」と言いやすくなった。いま生まれているこの大変さは、その人個人がどうにかできるものではない、その人個人の責任ではない、という共通了解が社会で広く共有されたからだ。大きな災害時には、こうした状況が生まれる。

ただし、自動的に生まれるわけではない。その呼び水となる行動がなければならない。こども食堂がその役割を果たした。それまで地域で交流の場を提供してきて、そこでつながっていた人たちがいたから、Cの活動が可能になった。コロナ以前の取り組みに対する地域・社会からの信頼感がある程度あったから、「あの人たち」のやることを応援しようと、地域の人々や地元の事業者が動いたり、見守ってくれたりした。それがAの活動を可能にした。平時の積み重ねが非常時に生きた。

それも含めて、こども食堂の人たちが自身でつかみとった、引き寄せた「やさしさ」だった。

「今必要なことは、今やる」

そこに課題（リスク）がないわけではない。再び、「こども食堂とは食べられない人たちのための場所」という先入観が強化されるかもしれない。それは、アフターコロナにおけるこども食堂の広がりに対して「足枷」になるかもしれない。しかし「だからやめておきましょう」といった選択肢は、「現場」にはない。

地域のつながりが薄れ、地域がさびしくなってきたから、多世代交流の地域拠点をつくってきた。コロナが来て、大変な人たちが増えてきたから、弁当・食材配布に切り替えてでも活動を続けた。

「今必要なことは、今やる」のが、現場というものだ。

現場の即応性が長期的見通しとずれる・齟齬する・対立するという側面を持つことは、常にある。それに対して、課題を指摘するだけの外在的な関わり方は、小賢しい。現場の即応性は、現場のたくましさを示している。そのたくましさを最大限尊重するところから始めなければ、現場の生き生きとした「現場性」は失われる。こども食堂のたくましさは、こども食堂の生命線だ。それが生かされる方向で、長期的見通しを実現する活路が見出されなければならない。

3　誰もが孤立しやすい社会の中で

緊急事態宣言解除

5月25日、緊急事態宣言が解除され、日本社会は「緊急事態フェーズ」から「移行期フェーズ」に移った。

解除後、早々に第二波懸念が台頭したため、こども食堂も4月5月に思い描いていたような再開状況にはならなかったが（6月19日～26日に実施した第2回の全国アンケートでは、6月時点で一堂に会する形での居場所を再開しているこども食堂は16・8％）、それでも見通しを聞くと、7～9月に再開予定と答えたこども食堂は40％を超えた。弁当・食材配布はさらに広がり、また居場所開催と弁当・食材配布の双方を行うこども食堂（前述の併用型）も出てきた。

移行期の特徴は、三つ巴、三すくみだ、と私は言ってきた。感染抑止（公衆衛生）、経済、生活と、相互に嚙み合う3つの歯車があって、緊急事態フェーズでは経済危機、生活危機の歯車が回ってしまうことを承知で、ステイホームを徹底した。すべての元凶は新型コロナウイルスにあるのだから、とにかくここを抑え込まないといけない、と考える時期だ。アフターコロナのフェーズは、ワクチンが開発・普及され、感染抑止の歯車が外れる時期。こうなれば、その歯車のことを気にせず、経済・生活の歯車を思いっきり逆回転させることができる。これによって経済再建・生活再建が図られる（いわゆる「V字回復」）。

移行期フェーズはそのどちらでもない。感染は収まりきっていないから、相変わらず抑止しなければならないが、行き過ぎると経済・生活の危機がさらに進行し、生活破綻する人々が増えてしまう。経済・生活再建に向けて歯車を逆回転させたいが、そうすると感染抑止の歯車も逆回転してしまい、感染拡大を招いてしまう。時計回りに回ろうとする歯車と反時計回りに回ろうとする歯車がきしみあって、どちらにも思い切って動かせない、というのが移行期フェーズの特徴だ。

「居場所ってなんだっけ」「何をやりたかったんだっけ」

しかもこのフェーズ、いつまで続くかわからない。緊急事態フェーズからアフターコロナのフェーズに直線的に進んでいくともかぎらない。行きつ戻りつする可能性があった。そのため、この三つ巴・三すくみ状態がしばらく続くだろうという想定の下、5月下旬に「むすびえ」で開始したクラウドファンディングでは、先の併用型を推し進める方針をとった。感染が落ち着いてきた時期や地域では、一堂に会する形での居場所が再開されていくだろう、でもまた感染拡大の兆候が見られたら、食材配布や弁当配布が盛んになるだろう。どっちつかずの状態が続く中、両方に取り組むこども食堂も増えていくだろう。それに対応できる準備を進める必要があった。

その読み自体はそれでよかったのだが、意外だったのは再開し始めたこども食堂から聞こえてきた戸惑いの声だった。再開したところ、再開スケジュールを現実的に考えるようになったところが、原理的な問いに直面するようになっていた。「居場所ってなんだっけ」「自分たちは何をやりたかったんだっけ」という問いだった。学校も飲食店も再開され、イベントも徐々に復活する中、居場所としてのこども食堂も再開できなくはないし、実際再開した。しかし、感染が気になるので、時間制限して入れ替えをしたり、少人数に絞って空間を広くとったり、食事中大声を出さないように促している。子どもたちも接触しないよう注意している。そうすれば、やってやれないことはないし、実際やっているけど、これって自分たちがつくりたかった居場所だっけ？　と。
6月アンケートの自由記述欄にはそんな声が溢れた。

戸惑う全国のこども食堂

• コロナ対策で少人数の参加受付になるが先着順？　抽選？　どうしたら参加者のがっかり感をうめられるかと考えてます。（岩手県）
• このコロナで規模を小さくしなければならず心が痛いです。（岩手県）
• 実際に始まってしまえば、子どもたちが自由に過ごす中で飛沫・接触等を厳しく見ていくことは非常に難しいことです。空間的距離を意識しつつも、心の距離を離さないよう、地域で子どもたちを見守っていくことが必要だと感じています。（栃木県）
• 子ども食堂の開催趣旨との背反が多い。（埼玉県）
• 分散開催だと食べた後ゆっくり寛いで貰えない。（埼玉県）
• こども食堂＝超密、と当こども食堂は考えます。分散化での開催も考えましたが、ご飯食べてご馳走様でさようなら、という食べるだけでは、今までのこども食堂とはだいぶ変わるなと。美味しく食べて、楽しく遊んで、親御さんはゆっくりして、という

のが当こども食堂であった気がします。食べるだけのこども食堂開催希望があれば考えたいとも思います。(東京都)

- 人数制限や時間制限なども考えましたが、そうすると、食べるだけの場所になってしまうのではないかと、躊躇してしまいます。(東京都)
- また当面、同世代、多世代の交流が図れず本来の目的からは程遠い「食事だけ」の場所になってしまう事への疑問(本当にそれでいいのか?)が常にある。さらに、会場が手狭なため「密」を避けるためには人数制限せざるを得ず、心苦しい限り。(東京都)
- 遊びや多年代の交流が全く出来ないのがとても残念です。(東京都)
- ソーシャルディスタンスの考え方は、こども食堂の目指すところとは「真逆だ」と思っているので、あえて取らない方向で行く。どのみち食堂を開催することは「感染リスクを取る」という選択であり、物品販売や飲食業で取っている間隔空けや飛沫防止ビニールシートなどはみな「感染対策やってますよ」という、実効性よりも「アリバイづくり」のためのアピールに過ぎないと思っている。(京都府)
- 食事は黙ってさっさと済ませろ、向かい合わせではなく横並び、大皿で取り分けるのはNG……感染防止を全面に出すとこのような提言になるのかもしれませんがため息が出ます。この状態でどのように〝食育〟を推し進めろとおっしゃるのでしょうか。私達の食堂のキャッチフレーズは「みんなで食べたらおいしいね！」です。食事は単に空腹を満たすだけではなく、その場に集まった人達で話したり、笑ったりしながら心も満たす時間だと思っています。どのような形で再開できるのか、悩ましいところです。（兵庫県）

・うちの子ども食堂の良さや存在意義は、三密からくるところが大きかったと思うので、それを避けて営業を再開することの意味を考えると、よく分からなくなってくる。（兵庫県）

・触れ合うことが本旨なのに、触れ合えない、遊べない。（島根県）

・子どもの居場所は、ますます重要になっている。公的な施設や、学校にも限界があり、家庭自体が不安定で安全な場所でなくなっているし、親が仕事に戻れば子どもはうちの中に放置されてしまう。いないだけなら、いて有害なよりはマシ、とも思えるが、子どもにとっての仲間や安全な大人のいる居場所が、とても重要である。学校での学習も、登校が途切れ途切れになったり、地域や家庭の環境に格差があるため、すべての子どもにとって危険な状態である。その軋轢を、穏やかに緩め、それぞれの子どもたちが自然体で過ごせる遊び場や、居場所、毎日贅沢でなくても、あるものを分け合って、ホッとできるみんなで食べるご飯、それがある場所が、子ども食堂。いろんな、子ども食堂が、それぞれ、できる形で、地域の子ども達の居場所として、再開してほしい。私たちの活動は、小規模で、できることしかしないけれど、いろいろな出会いがあって、いろんな人のよりどころになっているのが、とても嬉しい。まずは、こそっと、ちょっぴり、再開して、みんなでご飯を食べたり、ちょっと勉強したり、遊んだり、そんなふうに活動が再開できるといいと思う。（福岡県）

コロナ禍は、命とか暮らしとか、ふだんはあたりまえすぎてあまり意識しないもの、しかしそれがなければそもそも生きることが成り立たないような本質的なものに、人々の意識を向かわせた。病気になって健康のありがたみを知るのと同じだ。

こども食堂の人たちもまた、自分たちが開いてきた居場所の本質とは何なのか、を考えていた。「食べるだけの場所になってしまうのではないか」という懸念の言葉からは、食べるだけではない場所として運営してきた「こども食堂の人たちの想い」が逆に照らし出されていた。

怖いのは、居場所感の喪失

こども食堂の人たちの声は、私にも居場所の居場所性について考えさせた。「食べるだけの場所じゃない」とすれば、何なのか。他に何があるのか。時間制限や人数制限、行動制約があると、何が失われるのか。

私は以前、居場所とは何かを考察したことがある（「子どもの貧困「居場所」とは何か？居場所が提供するもの、そして問うもの」https://news.yahoo.co.jp/byline/yuasamakoto/20170328-00069124/）。

その際に、居場所には4つの要素が必要だ、と書いた。

1、栄養や知識など衣食住に関わるもの
2、体験・交流などの経験
3、かまってもらう時間
4、トラブル対応（生活支援）

食事は生存ニーズに応える基本的要素だが、「食べるだけじゃない」とは2～4が意識されているからだ。そこでは、人との関わりの質（2）や量（3）、それに何かあれば対応してもらえる（4）ということがあり、その全体が場に対する安心感を生み出す。たわいもない話をしてなじむ時間の積み重ね（3）があって、何かあっても見放さない、対応しようとしてくれる（4）ということが加われば、この人は自分に関心を向けてくれる、関わろうとしてくれる、気遣ってくれる、という感覚が生まれる。安心できる家族・友人関係というのはそのようなものだろう、と自分の経験を振り返りつつ、考えた。

平時（ふだん）や非常時（トラブル時）を貫く、継続した「つながり」、言い換えれば「つながり続けること」「つながり続けようとすること」が、人がある場所、ある関係性に居場所感を見出すことの根源にある。

時間制限や人数制限、行動制約は、体験・交流の機会を減らし、かまう時間を減らし、結果として本人からのサインを気づきにくく、見逃しやすくしてしまう。こども食堂の人たちが心配していたのは、関わりの質量の低下がもたらす居場所感の喪失だった。

緊急事態宣言下にも形を変えてまで活動し続けた（つながり続けようとした）こと、そしてコロナ禍の制約の中で立ち至った居場所の本質に関する戸惑い——こうした行動や感じ方は、運営者の人たちが何を大事にし、時代や社会のどういう側面と切り結び、何と格闘しているのかを浮かび上がらせる。

自分とつながり続けてくれるのかという不安

「どうせ時間が来たら（家に）帰るんでしょ」
「どうせあんたもすぐに辞めるんでしょ」

児童養護施設などで社会的養護下にある子どもたちに関わることになった私のかつての教え子たちは、必ずと言っていいほど、子どもたちからこうした言葉を投げかけられる。それはもう新入りに対する「お約束」のようなものだ。

仕事なんでしょ、給料もらうためにやってるんでしょ、という言葉の背景には、本当に自分に関わりたくてこの場にいるんじゃないんだよね、という確認の意図が込められている。誰に対する確認か。自分自身に対する確認だ。

社会的養護下にいるということは、何らかの形で保護者との離別を経験している。物理的にしろ（保護者が失踪するとか収監されるとか）、精神的にしろ（ネグレクト・虐待等）。幼い子どもにとって保護者は、大人のすべて、世の中のすべてだ。離別は本人の深いところに傷を負わせる。だから新しい関係性（新人）に対しても、まず確認しないと気がすまない。不安だからだ。期待して、また見放されることには耐えられない。だったら最初から期待しないほうがいい。それがこのような言葉になって表れる。

こうした振る舞いは第二章でも述べた。「お試し行動」と呼ばれる。傷の深い子ほど、過激なお試し行動をとる。物を壊したり、暴力をふるったり、包丁を持ち出したりするのは、自分に関わろうとしてくる人に対して、それが本当なのか（本当のはずがない）、どこまでやれば自分を見放すのか（これで見放すだろう）、確かめたくなるからだ。

そして実際に見放されれば、子どもは安心すると同時に絶望する。安心するのは、やっぱりあんたもうちの親と一緒だ、大人のすべて、世の中のすべてがそうだという自分の世界観は間違ってなかったと思うから。絶望するのは、やっぱり自分に本気で関わろうとしてくれる人など一人もいないと思うから。

「普通」の大人も同じような不安を抱えている

こうした不安をもっているのは、社会的養護下の子どもに限らない。

大ヒット連続ドラマ「逃げるは恥だが役に立つ（通称・逃げ恥）」で、俳優・星野源さん演じる男性主人公の平匡《ひらまさ》さんは、ＩＴ企業に勤め、お金もそれなりに持っている大人だが、自称「プロの独身」で、自分に関わり続けようとしてくれる人が現れるとはどうしても思えない。だから、新垣結衣さん演じる女性主人公のみくりさんが差し伸べる手を振り払ってしまったり、彼女が自分に寄せる好意は「雇用主に対してのもの」だと、自分に言い聞かせようとする（みくりさんは、家事代行をするために平匡さんに雇われている）。「どうせ仕事でしょ」と言う社会的養護下の子どもと変わらない。

ドラマはフィクションで戯画化されているが、現実に根をもつから多くの人の共感を得て、ヒットした。世の中でもっとも厳しい立場だとされる社会的養護下の子どもから、仕事も収入もあって健康上も問題ない成人男性まで、弱者とされる人たちから強者とされる人たちまでが、程度の差こそあれ幅広く共有している現実の感覚に訴える普遍性があった。

その「現実」には、しばらく前から名前がついている。「無縁社会」だ。

そして無縁社会という現実から生まれる感覚にも名前はついている。「生きづらさ」だ。人との縁が薄くなる中で、程度の差こそあれ「弱者」にかぎらず広く共有されるようになった生きづらさの中身は、自分に関わろうとしてくれる人などいないのではないかという不安だ。そして「居場所」とは、その人々の不安に応えようとする場所だった。コロナ禍のさまざまな制約によってその居場所の本質が失われかねないことを、こども食堂の人たちは懸念していた。

こども食堂は、「無縁社会」の「生きづらさ」と向き合ってきた

「無縁社会」という呼び名を広めたのは、NHKだった。NHKスペシャル「無縁社会～〝無縁死〟3万2千人の衝撃～」が放映されたのは2010年1月。無縁死が映し出すのは、言うまでもなく、生きている間の人とのつながりの希薄さだ。家族・親戚といった血縁、近隣・地域といった地縁、そして会社における社縁、それらの縁がかつてのようにはなくなった、と多くの人々が感じていたところに投げ込まれたこの番組、この言葉は、またたく間に社会に定着した。2010年代、私たちは「無縁社会となってしまった日本」を生きてきた。

同じ時期に広がってきたのが、こども食堂だ。それは、自治会やPTAといった従来の地縁組織の外から、家族・親戚ほどの濃さはないが大家族のような（第一章）温かみのある場をつくった。こども食堂は、無縁社会・日本に対する市井の人々の応答、処方箋だった。それゆえ、つながること、関わること、関心を寄せること、気遣うことがメインで、食事はツールでありきっかけだった。

「食事するだけじゃない」という言葉は、そうしたこども食堂の生まれ出た背景、出自、想いを映し出している。だから、その人たちはつながり続けようとした。コロナ禍で一堂

に会する場が開けなくなったら、弁当・食材配布をした。それもできなければ文通もした。「型」にこだわることなく、活動形態を柔軟に変え、緊急事態宣言下でも波の立たないところに波を立てた。

寿司を出さない寿司屋はありえない。勉強させない塾はありえない。だが、こども食堂は寿司も出せば勉強も見た。主目的はそっちじゃないから。だから寿司にも教育にも素人だが、プロ（職人）にできない「つながりづくり」をした。それが無縁社会に抗するということだと、直感的にわかっていたからだ。

そしてそれは、仕事や収入、寿司や勉強といったモノではカバーしきれない「生きづらさ」に直接働きかけ、人々に安心感を与え、力を引き出した（「ここは、家とは違う子どもの力が引き出される」第一章の杉田さんの言葉）。そうした関係性のある場を指し示す言葉が「居場所」だった。寿司にも教育にも素人のこども食堂の人たちは、居場所のプロ、つながりづくりのプロであり、平匡さんにとってのみくりさんだった。

だから、先の居場所の居場所性をめぐる発言になった。食事も出している。子どもも来ている。しかし、これで居場所と言えるか、と。それは寿司職人が、見た目は寿司でも何かが違う寿司を見て、「こんなもの客に出せるか」と言うのに似ていた。

4 政策・制度になじみにくい活動だからこそ

「誰も助けてはくれない」

人数制限・時間制限・行動制約……すべての制約の背景に新型コロナウイルスがあった。

9月に実施した第3回の全国アンケートで、再開時期について「まだ予定は立っていない」と答えるこども食堂は48・0％と、6月アンケートよりも10ポイント増加してしまった。困りごとのトップは6月と変わらず「感染防止の対応が難しい」だった。弁当・食材配布で奮闘しているこども食堂は依然として多かったが、再開できないこども食堂も同じように多かった。そして増えていた。

忘れられないのは、自由記述欄にあった次のコメントだ。

どうやっても、感染するときはする。この事実が現実になったとき、ただのボランティア団体にはなんの保証も後ろ盾もないので、ただ批判などに晒されるだけで誰も助けてはくれない。それがわかっているだけに、踏み出すのはリスクが大きすぎる。今までの信用や好印象をぶっ潰すことになるから。少なくとも○○市では、子ども食堂ぜひ必要だから、やってください！　などという人はいないにもかかわらず「勝手にやっていること」という認識なのだから。大多数の市民は。

行政の後ろ盾がない、支援がないということは、市民活動は容易に潰れる。コロナ禍でボランティア活動の限界を感じざるを得ないのが現実だ。（北海道）

「誰も助けてはくれない」という言葉が胸に刺さった。

書いてあることは、あけすけすぎるくらい率直だった。ボランティア団体にはなんの保証も後ろ盾もない――その通り。大多数の市民は、勝手にやっていることという認識――その通り。万が一感染者が出れば、行政の後ろ盾のない市民活動は容易に潰れる――たぶん、その通り。

少なからぬ人々にとって、こども食堂は保育園の側でなく、不要不急の会食の側にある（「勝手にやっている」）。このご時世に不要不急の会食を、しかも子どもや保護者を巻き込んで個人が開いて、そこで感染者が出る。独りよがりの善意や正義感に酔った挙句、みんなを危険にさらす人物というレッテルを貼られてもおかしくない。それがわかっているから、「踏み出すのはリスクが大きすぎる」。幻想のない現状認識、願望の混じらない分析、論理的な結論、すべてがその通りだった。

しかし、それでもなお、それをなんとかするのが「活動する」ということだ。

制度の狭間、だからこそ

こども食堂は、純粋な民間発の取り組みとして広がった。「勝手にやっている」――まさにその通りだった。つながるためには、寿司も出すし勉強も見る、と書いた。0歳から100歳まで、誰が来てもいい場所だった。

行政サービスには、それができない。

誰を対象に、どういうサービスを提供するのかを一つひとつ定義づけしていかないと、予算はつけられない。政策・制度とは国民との約束だからだ。こういう人を対象に、こういうサービスを提供するのにあなたの税金を使います、いいですね、ということだ。

だから、10歳の子が通う保育園も、15歳の子が通う小学校も存在しない。子どもが行ける介護予防体操もない。

0歳から100歳まで、誰が来るかわからない、中にはお金持ちもいます、健康でぴんぴんしている人もいます、何をするかも決まっていません、宿題を見るときもあれば、みんなでお誕生会をするときもあります、では、誰に対して何をするかわからないものに私の税金を使って欲しくない、という人が出てしまう。

そのため、こども食堂は行政サービスにはなじみにくかった。無理に合わせようとすると、第二の放課後児童クラブみたいになってしまうだろう。そうなれば対象年齢が確定され、サービス内容が確定され、所得に応じた負担が設定され、職員配置基準、設備基準が決まっていく……今あるこども食堂の自由度は失われる。だから、こども食堂には「行政の後ろ盾、支援がない」。政策・制度になじみにくい活動だからだ。

行政施策は、人には縁があることを前提にしてきたが

しかし、大事なのは、ここからだ。
政策・制度になじみにくい——だからここまで広がったという面が、こども食堂にはある。年齢で割る、所得で割る……という従来の行政サービスは、いわば人々の間にタテ・

ヨコに線を入れ、碁盤目のように細かく区分けされたこのマス目にこのサービス、と施策を積み重ねてきた。65歳から74歳までの要介護1の年収300万円未満の人に、家事を行う介護サービスを1回60分、週に2回まで、自己負担1割で、ただし掃除と食事だけ、身体に触れてはいけない、とか。

しかしそこには、家族・親戚・近隣などの人間関係（縁）にもとづく助け合いが、ある程度機能している、という前提があった。

それがどうも機能しなくなってきているようだ、というのが「無縁社会」ということだった。そうなると、ベースとなる人間関係の上に、それだけでは手の届かない部分をサポートしましょうという政策・制度の建て付けが成り立たなくなる。ベースとなる人間関係がない中で、碁盤目のことここにこのサービスといったことでは隙間だらけだ、と逆に隙間のほうが強く意識されてくる。「制度の狭間」というものだ。

「制度の狭間」は昔からあった。にもかかわらずこの数十年で「制度の狭間」が強く意識されるようになってきたのは、狭間を埋めていた前提となる人間関係（縁）が機能しなくなってきたからだ。その意味では、「制度の狭間」という問題意識そのものを「無縁社会」が生み出した。

そうなると、碁盤目を一つひとつ埋めていくような行政サービスの進め方だと対応しきれない。予算も莫大にかかる。そのため、しばらく前から行政サービスの「連携」と「包括化」が連呼されるようになっている。最近は「切れ目ない支援」も、流行りだ。

しかし民間領域で人間関係が希薄化したことを、行政サービスですべてカバーしようというのは無理がある。おそらく消費税30％台の財源が必要になるだろう。「連携」も「包括化」も「切れ目ない」も、それ自体はとても重要なことだが、そうした行政サービスの工夫だけで碁盤の目がすべて埋まるかのように考えるなら、それは幻想だ。

だから、しばらく前から、こうした展開の中で「民間のつながりづくりをいかに盛り上げるか」が行政的な課題としても入ってきた。高齢分野における生活支援コーディネーターの配置などは、その表れだ。生活支援コーディネーターは、自治会に対して高齢者サロンの開催を促す活動などをしている。民間領域における無縁社会の立て直しをしなければ、行政サービスだけでは人々がこぼれ落ちてしまう状態をカバーしきれない、と多くの人が気づいてきている。

しかし、行政サービスの「包括化」の延長線上で民間のつながりづくりを促すのは、一部に不自然さを生じさせる。碁盤のこのマス目にこのサービスという行政サービスの論理を民間領域に持ち込むことになるからだ。地域にはもともとマス目はなく、線もない。親が要介護で子が障害者という家庭はいくらでもあり、両者が支え合ってなんとか暮らしている。しかし行政が促す民間のつながりづくりは、高齢者の居場所づくり、障害者の居場所づくりと別々になる。マス目のないところにマス目を持ち込む、線のないところに線を引く。これが人々の違和感の根源だった。「みんな」をつつみこむ包括化を指向しているはずなのに、居場所の入口で「あなた、要支援ですか」と聞かないといけない。そういう場所には行きにくい、自分が望まれる参加者なのかわからない。みんなに来てほしいのか、来てほしくないのか、どっちなんだ、という感じになる。

民間と行政の「目線」は合ってきている

だから人々は、行政から促されてではなく、そのさらに外側で、純粋な民間発の取り組みとして、本当に「みんな」をつつみこめる居場所をつくり始めた。それがこども食堂だ。もともと地域に線はない。人々の間にタテ・ヨコに線を入れるのではなく、地域の人たちを丸ごと受け入れ、高齢者が子どもと関わる中で張り合いをもったり、子どもが障害者と一緒に過ごす時間と空間を提供したりする。行政目線で見れば究極の包括化だが、地域にとってはそれが「ふつう」だ。無縁化によって縁が全体として薄れてきたので、全体として取り戻そうとする。線を引くのではなく。それが地域にとっての自然なやり方だ。

だから、行政サービスの論理で行われる政策・制度になじみにくく、結果として「行政の後ろ盾」がない。だがそれが、地域にとってもっとも自然なつながり方で、だからこそ、後ろ盾がなくてもここまで広がってきた。

しかし、そのズレを重ね合わせようという動きもすでに始まっている。行政サービスの論理に民間を合わせるのではなく、民間の論理、地域の自然に行政サービスを合わせるような方向で。それには「地域共生社会」という名前もついていて、それに向けた法改正（社会福祉法の改正）も２０１９年に行われている。まだ十分ではないが、着手はされている。

つまり、目線は合ってきている。今の行政の指向性も、こども食堂の指向性も、指している方角は同じだ。それゆえ、望ましい方向は、以下のようになる。

①こども食堂などの地域の居場所の民間領域における連携（ヨコ連携）が進み、血縁・地縁の希薄化（無縁化）をカバーすること。

②包括化を指向する行政サービスとの官民連携（タテ連携）を促進すること。

タテ・ヨコ双方の連携が進むと、地域が面的にカバーされ、人がこぼれにくい地域が生まれる。その集合体が、人々がこぼれにくい日本になる（図）。

人々はすでに「つながり続ける力」を発揮している
政府にはその推進コーディネーター役が期待される

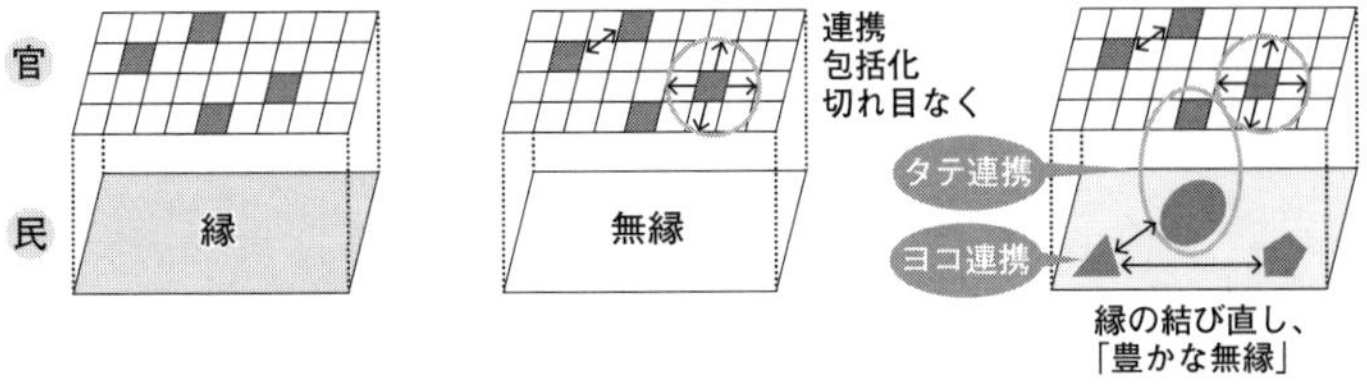

従来、政策はベーシックで私的（インフォーマル）な**各種の縁が機能していることを前提**に、それでは対処できないスペシャルニーズ（病気・ケガ・障害・高齢介護等々）に応える形で行われてきた。そのため、対象やサービス・所得による負担割合を厳密に定義し、碁盤のマス目にピンポイントで施策を打ってきた。それが効率化と予算制約に応える方法だった

➡

この仕組みは前提となっている縁が機能しなくなると崩れる。碁盤のマス目の空白が人々の生活崩壊に直結してしまう。そのため、政策分野ではしばらく前から「連携」「包括化」「切れ目ない」が合言葉となっているが、**超少子高齢化・強い予算制約の中、カバーしきれていない**し、今後その限界はさらに明らかになっていく。が、私的領域には政策的な関与が難しい（友人をつくれという介入的政策は好ましくない）

➡

民間ベースで縁の作り直しは始まっており、それがこども食堂を始めとする地域の居場所。**これらが民間ベースでつながる（居場所の地域連携＝ヨコ連携）とともに、行政施策とも協働できれば（官民連携＝タテ連携）、無縁と生きづらさを克服する展望が開ける**。民民、官民がそれぞれの縦割りを超えてつながることが、つながりを断たれた人の減少＝誰一人とりのこさない地域と社会を可能にする。**その試行錯誤は、すでに全国で始まっている**

見ている方角、向かっている方向は、徐々に目線が合ってきている。ただ、行政サービスは、こども食堂ほど身軽ではない。こども食堂は意気投合した2人3人で始められるが、行政サービスは住民全員、国民全員の税金を使う。関わる人数が桁違いに多いということは、それだけ合意形成が難しいということだ。

　しかも碁盤目のこのマス目にこのサービス、というのが行政サービスというものだ、という長く定着してきた考え方からの切り替えは、そう簡単には起こ

らない。その人たちからすれば、対象やサービスを厳密に特定・定義しない政策・制度などありえない、となる。だから、こども食堂が身軽にやり始めたラインまで、行政サービスは簡単には行けない。がんばってがんばって50歩手前にいる、という状態だ。

これは、個々の市役所職員や官僚のやる気とは関係ない。その人たちにどれだけやる気があろうと、税金を使う公的サービスというものの性格上、50歩手前か30歩手前かはともかく、必ずそうなる（実はこの50歩か30歩かというところが決定的に重要なのだが）。ものすごくやる気のあるこども食堂の人が市役所職員になっても、基本的には状況は変わらない。

方角はこっち

行政サービスの50歩先ということは、見ようによっては「行きすぎ」だ。ついていけない、理解されない、という反応が出てもおかしくないし、実際出ている。だが同時に、そうした究極的な包括化の取り組みであるこども食堂という場を、人々が続々と選びとっている。短期間に5000箇所まで増えたのは、その証だ。

ある分野、ある切り口において、民間が行政の先を行くということは、いくらでも起こるし、起こってきた。というか、それが常態だ。しかしそれは、得てして広がりに欠けた。

こども食堂に関しては、そうではない。続々と多くの人たちが参入し続け、幅が広がり続けている。つまり、こども食堂は多くの人が肌身で感じているニーズをつかみ、汲み取っている。方角はこっち、なのだ。

だから行政サービスも、いずれ、必ず、追いついてくる。なぜなら最後の決定権は、市民・国民にあるから。地域にとって不自然なやり方は、本当の意味では定着しないし、長続きしない。地域の人々にとって自然なやり方、しっくりくる居場所のつくり方、縁の結び方が最後には生き残る。繰り返すが、人々はすでにそれを選択している。答えは出ている。

だが、そこには「遅れ（時間差）」が生じる。公的サービスの性格上、必ず生じる遅れが。見ている方向、向かっている方角は同じだが、まだ50歩分の開きがあるという現状、そこにコロナ禍がきた。

「誰も助けてくれない」「行政の後ろ盾、支援がない」発言は、その50歩分の開きが生み出している。こども食堂の新しさ、歴史の浅さを考えれば致し方ないことだが、だからと言って、運営者の人たちが「誰も助けてくれない」という孤立感を抱えたまま、コロナ禍の長期化によって再開の予定が立たないこども食堂がさらに増えていくようなことになれば、この数年で広がってきたこども食堂の灯火そのものが消えてしまう可能性も、ゼロではない。

仮にそうなれば、こども食堂を通じて、これからさらに多くの人たちが、今見ている方向、向かっている方角に目線を合わせ、その方向・方角を本当の意味で日本社会の共有した目標にしていこうというときに、その機運が失われる。また数年から十数年というスパンで時の歩みが遅れ、本当に日本社会は立て直しの利かないところまで追い込まれてしまうかもしれない。それは、日本社会の損失であるように思われた。

コロナにそこまでの深い傷痕を刻まれてはたまらない。

日本小児科学会という新たなピース

その危機感の最中に出たのが、日本小児科学会のレポートだった。

「小児のコロナウイルス感染症２０１９（ＣＯＶＩＤ－19）に関する医学的知見の現状」（日本小児科学会　予防接種・感染症対策委員会、２０２０年11月11日、第2報。https://www.jpeds.or.jp/modules/activity/index.php?content_id=342）と題された簡潔なレポートは、以下のコメントで締めくくられていた。

子どもは多くの場合、家庭で感染しているが、幸いほとんどの症例は軽症である。
しかし、COVID-19流行に伴う社会の変化の中で様々な被害を被っている。

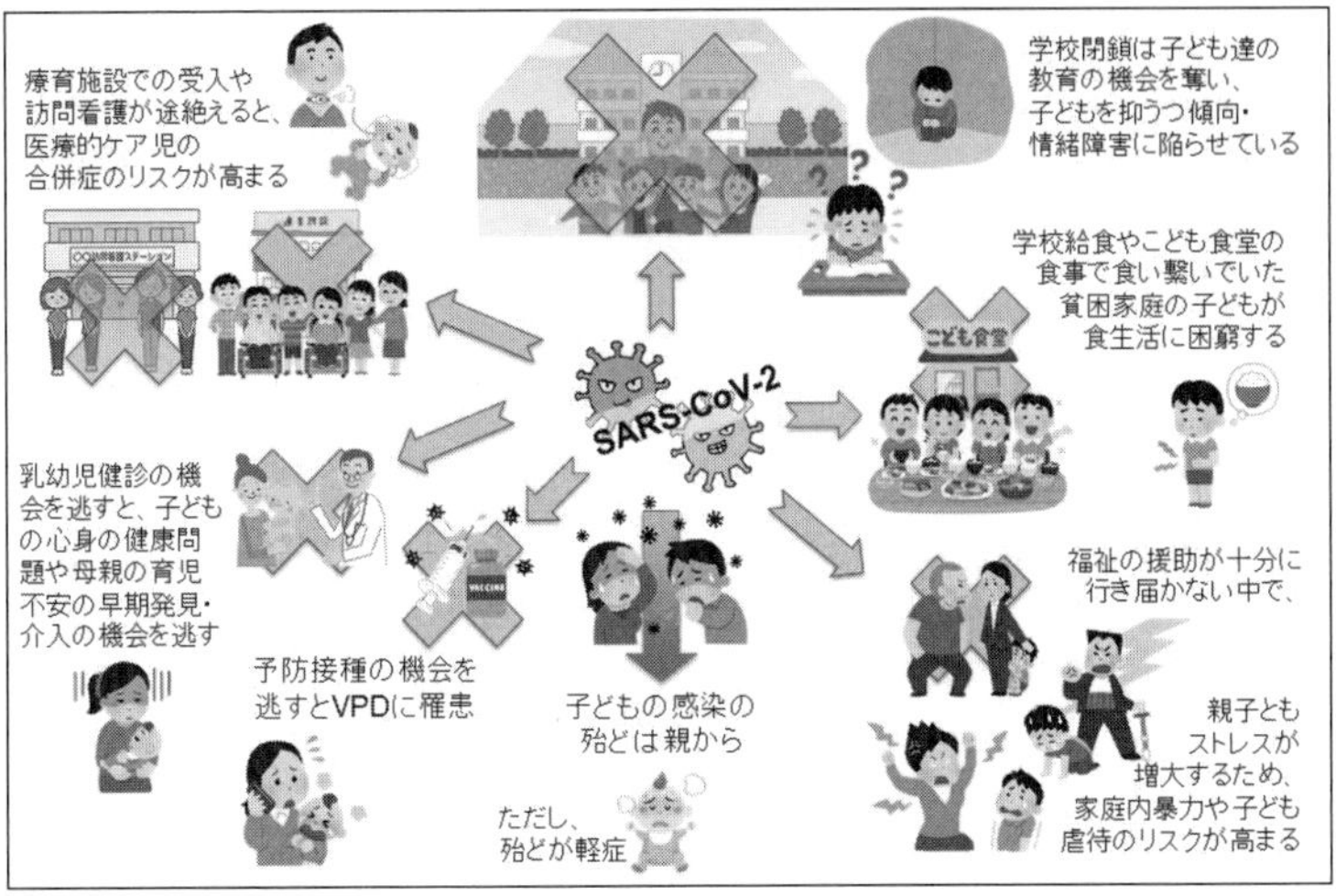

図表 知見のまとめ：子どものCOVID-19関連健康被害

日本小児科学会予防接種・感染症対策委員会作成

子どもは多くの場合、家庭で感染しているが、幸いほとんどの症例は軽症である。しかし、COVID−19流行に伴う社会の変化の中で様々な被害を被っている。

子どもに関しては、新型コロナウイルスそのものによる被害よりも、その流行に伴う社会の変化によって引き起こされるさまざまな被害のほうが深刻だ、というレポートだった。社会の変化の代表例は、学校一斉休校だろう。それで子どもたちは学びの機会を失う、という被害を受けた。しかしそれだけではない、とレポートは言う。

「福祉の援助が十分に行き届かない中で、親子ともストレスが増大するため、家庭内暴力や子ども虐待のリスクが高まる」――まさにそれゆえに、厚労省は前述の予算化事業をつくった。

「乳幼児健診の機会を逃すと、子どもの心身の健康問題や母親の育児不安の早期発見・介入の機会を逃す」――コロナで人が集まる場には出向きにくい、と健康診断全般の受診率が落ちた。無力な乳幼児のことを考えると、リスクは避けたい。しかしそれが別のリスクを呼び込んでしまう。

そうして列記された「関連被害」の中に、こども食堂の休止も触れられていた。

これだ、と思った。ここに「誰も助けてくれない」に対する解答がある。

一方に誰も助けてくれない、守ってくれない、と感じているこども食堂の運営者がいて、他方に、こども食堂の休止状態が続くことを子どもの視点から心配してくれている専門家たちがいる。この人たちに助けてもらおう、守ってもらおう。そうすれば、行政の権威に頼らなくても、民間ベースで、こども食堂の人たちの「誰も助けてくれない」という孤立感に応えることができる。

行政の権威に頼らないというのは、拒否するということではない。アテにならないと思っているわけでもない。行政は行政で、中で闘っている人たちがいる。民間とは桁違いの関係者（ステークホルダー）を相手に、幅広く調整しながら、それでもジリジリと前に進めようとしている人たちがいる。50歩の差は、嘆き悲しむべき差ではなくて、民間と行政の性格の違いから、当然に生じている差だ。それよりもはるかに、同じ方角を向いて、同じ方向に進んでいる事実のほうが重要だ。

だから、民間主導で自由度高く進めてきたこども食堂が、ガイドラインをつくってほしい、決まりをつくってもらって、それを守ったら公認してほしいという話になっていくのは、たとえコロナ禍という非常事態であっても、違うと思った。あら、こっちの方向に進んでいくんじゃなかったっけ？　という混乱を生んでしまう可能性がある。ほら、困ったら結局頼ってくるんだよ、という声を強め、従来型の政策・制度に枠づける流れをつくってしまいかねない。そうやって、コロナを理由に時計の針を遅らせるということは、結局は「コロナにやられる」ということだ。

コロナにやられたくはなかった。

民間主導で自由度高く、それでもバラバラにならずに自律的に危機対応を行い、行政にはそのありのままの全体を応援してもらうという、目指すべき官民連携の形を先取りしたようなコロナ対応・感染症対策になることが望ましい。

しかし、むすびえのような一介のNPOが、「ここまでやれば大丈夫」というラインを設定したとしても、誰も安心できないだろう。何の権威もないからだ。実際、権威の裏付けになる専門性を持っていない。ピースが足らない。

日本小児科学会は、そこにピッタリとはまるピースだと思われた。子どもと医療の専門家集団で、かつ、こども食堂のことも心配してくれている。居場所の喪失について、同じような問題意識を持ってくれている。この人たちだ、と。

こども食堂向け　安心・安全自己点検シートをつくる

このレポートの存在を教えてくれたのは、一人の医師だった。藤岡雅司さん。富田林医師会感染症対策委員会委員長の肩書きをもつ小児科医だ。藤岡さんとは、もともとは山口県宇部市で自身がこども食堂を主宰している小児科医の金子淳子さんの紹介でつながり、コロナ禍におけるこども食堂の開き方について相談に乗ってもらっていた。私たちがつながっている唯一の感染症に詳しい医師だった。

藤岡さんには、個々のこども食堂からの感染症相談にも対応してもらっていた。相談を受けてもらう前には「あれもやれ、これもやれ」と、感染症対策の徹底という観点だけから指導が積み上がっていったら、こども食堂の人たちとしては厳しいだろう——という懸念もあった。しかし彼は、こども食堂が大切にしたい居場所感を十分に尊重したアドバイスをしてくれた。不十分な対応への改善指導ももちろんあったが、「そこまでやる必要はない」「少なくとも医学的にはそこまでやらなくても大丈夫」という発言も多く出た。この人はわかってくれている。私たちと同じものを大事にしようとしてくれている。その上で専門的知見を生かしてくれる。理想的なアドバイザーだと、話を聞くたびに彼に対する信頼は深まっていった。その藤岡さんが前述のレポートが発表されたことを教えてくれた。

藤岡さんは同時に、そのレポートをとりまとめた人にもつないでくれた。長崎大学の森内浩幸氏。長崎大学大学院医歯薬学総合研究科小児科学教授・日本小児科学会理事等の肩書きをもつ専門家だ。「自分は臨床医、彼は研究医だが、考え方が近い」と藤岡さんは言った。

同志だ、ということだ。やっぱりいた。ここにもいた。いまどき「同志」なんていう言葉が流行らないのはわかっているが、それでも結局物事はそれで動いていく。信頼する藤岡さんが「信頼している」という人なら大丈夫、わかってくれる、と思った。案の定、森内さんは、最初から積極的に協力してくれた。

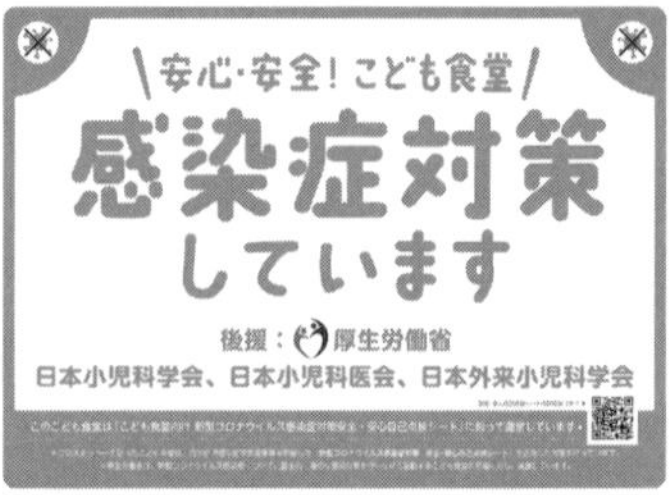

「感染症対策宣言マーク」。自己点検シート全25項目をチェックできたこども食堂が活用できる

それでつくったのが「こども食堂向け　新型コロナウイルス感染症対策　安心・安全自己点検シート」だ。私が各種の素材を参考に原案をつくり、藤岡・森内両氏にチェック・修正してもらって（制作協力）、日本小児科学会等の後援を得た。

このシートで自分たちの運営を点検できたこども食堂が、フライヤー（チラシ）に貼ったり、会場に掲示できる「感染症対策宣言マーク」も開発した。そのマークには厚労省の後援も得た。

動画もつくる

こども食堂の人たちに見てもらうために、どうやったら一堂に会する形での居場所を開けるかを示す動画「こうすればできる with コロナ時代のこども食堂　～小児科医（日本小児科学会予防接種・感染症対策委員会委員）に聞く感染症対策～」（https://www.youtube.com/watch?v=DHZqSmemh6k）も制作した。シートとマークを開発するだけでは、普及

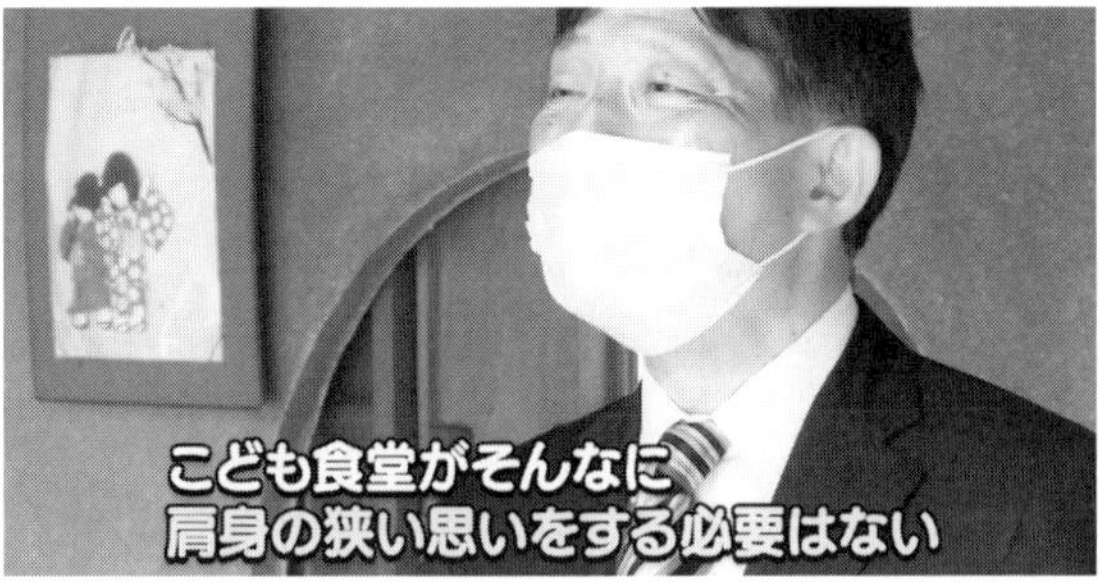

『こうすればできる with コロナ時代のこども食堂』のワンカット。
医師の藤岡雅司氏が語る

していかない。普及のためのツールが必要だった。

動画は、テレビ番組レベルの質が必要だと思われた。動画や写真をちょこちょことつなぎ直して編集したものでは、ちょっと長くなると、もう見てもらえない。しかし本当のテレビ番組にしてしまうと、一般向けになってフォーカスがぶれる。

今回、見てもらいたい相手はこども食堂の人たち。ターゲットは明確だった。テレビ番組レベルの質をもちながら、こども食堂の人たち向けに制作するオリジナル動画が必要だった。これには、テレビ局の同志に協力してもらった。

藤岡さんにこども食堂を訪問してもらい、手洗いの仕方から動線の確保まで、実践的な専門的アドバイスをしてもらった。こちらの期待通り、彼は併せて、感染リスクにおける大人と子どもの違い、子どもの年齢層に応じた対処の仕方など、考え方・心構えなども伝えてくれた。訪問した「昭和こども食堂」（栃木県宇都宮市）の主宰者・荻野友香里さんの納得感が、画面から伝わってくる動画に仕上がった。

藤岡さんに森内さん、テレビ局ディレクター、厚労省の官僚たち、資金提供してくれた「株式会社ほぼ日」（糸井重里社長）とそのご縁をつないでくれた、ほぼ日の學校長の河野通和さん。誰が抜けてもこの作業は完了しなかった。みんなが一肌ぬいでくれた。思いを同じくする同志が、それぞれの持ち場で奮闘することで世の中は進む。こうした出会いと協働作業があったときはいつも、背筋の伸びる思いがする。ちゃんと活動していかないといけない。

それもこれも、「誰も助けてくれない」という北海道のこども食堂運営者の一言から始まった。現場で奮闘するこども食堂が結びつけてくれたご縁だった。

２０２１年、私たちはこれらの制作物をもって全国で普及・周知の活動を行う。各地みんなで番組を見て、シートを読み合わせ、マークを使えるようにしていく。こども食堂は、不要不急の会食ではない。感染症対策もちゃんとした上で、その場を必要とする人たちになくてはならない、暮らしに不可欠な場だと、より大勢の人に理解してもらいたい。

コロナ禍において、コロナ禍だからこその取り組みによって、その理解を広げることができれば、その理解がアフターコロナに生きる。コロナ禍を経たからこそ、もう一歩世の中の認知と理解が進んだ、というようにしたい。それが、コロナに一矢報いる、ということではないかと思う。

5　大事なのは、「答えを生きる」こと

再びの緊急事態宣言

今日は2021年1月8日。1都3県を対象にした緊急事態宣言の初日だ。東京都の感染者は、大晦日に初の4桁1000人台に達し、昨日2400人まで増えた。全国の感染者数も毎日のように「過去最多」を更新している。すでに他都市でも「うちにも緊急事態宣言を」という動きが出ているので、来週以降、また対象地域が広がっていきそうだ。

ワクチンの接種は、まだ始まっていない。

永遠に続くものではないとわかっているが、「爆発的な感染拡大」状況（ステージⅣ）が続き、収束は見えてこない。毎日、医療崩壊にまつわるニュースが流れ、防護服に身を包んだ医療従事者が映し出されている。

感染者数がこれでも欧米諸国より1桁2桁少なく、ICU（集中治療室）はともかくとして、人口1000人あたりの急性期病床数は国際的に見てももっとも多いにもかかわらず（「日本のコロナ医療の弱点、「集中治療ベッド数」はイタリアやスペイン以下」『ダイヤモンド・オンライン』https://diamond.jp/articles/-/233783?page=2）、それでも医療崩壊がこれだけ現実味を帯びて語られるというのは、コロナ前から、日本の医療現場にいかに余裕がなかったかを照らし出している。経営も人手もギリギリの中、医師をはじめとする医療従事者の超人的な尽力で支えられてきた。コロナで浮かび上がったのは、コロナ以前の医療現場の窮状（余白のなさ）だ。コロナ対応という非常時対応を機能付加できるゆとりが、医療現場にはほとんどなかったということだ。人も同じ。コロナで生活が逼迫してしまった人の多くは、もともと生活に余裕がなかった人たちだ。

コロナがあぶりだすのは、コロナ以前の人々の暮らしの窮状だ。この余裕・余白・ゆとりを、私は「溜め」と呼んできた。物質的な溜め（お金とか）、人間関係の溜め（つながり）とか、精神的な溜め（自信、自己有用感）とか。それらの溜めが総合的に見て少ない状態が「貧困」だ。コロナ禍が投げかける問いは、だから、「医療現場の報酬（診療報酬）を抑え込みすぎていたんじゃないか」「雇用・労働現場が傷みすぎていたんじゃないか」「ひとり親家庭の暮らしが厳しすぎたんじゃないか」という問いであり、コロナ以前を問うている。

生活習慣病みたいなものだ。病気になったときに見直すべきは、ふだんの生活習慣だ。治療は治療で対処しなければならない。でも、生活習慣が改善しなければ、また同じことが起こる。コロナが終わっても、日本社会の「生活習慣」が改善されなければ、次の非常時に、また同じことが起こる。コロナさえ収束すれば万事ＯＫというわけでは、残念ながら、ない。

コロナによって、日本社会の体質改善の指針が見えた

今、私たちに共通する気分は「あたりまえはありがたい」だ。コロナで生活や健康や命が危機にさらされたからこそ、生活や健康や命のありがたみを痛感している。経済って命あってのものなんだな、と。甘いとかヤワとか、ぬるいとか、そんな話じゃないんだな、と。その気づきが、日本社会の体質改善の指針だ。「新しい生活様式」の哲学だ。テレワーク、時差通勤等々をどこに向かってやるのか、何を大事にして進めるのか、その背骨になる部分が指針であり、哲学だ。こども食堂の取り組みは、その背骨を示す。

コロナ禍で弁当・食材配布を通じて大変な子どもや家庭を支えているこども食堂は、コ

ロナ以前、地域のつながりづくりに励んでいた。つながりづくりには即効性がない。今日始めたら、明日学力が上がるとか、明日困窮している人の暮らしが楽になるとか、明日病気の人が減るとか、目に見える変化はすぐには表れない。しかし、無縁社会に抗し、人々が広く感じている生きづらさに直接働きかける活動だ。つながり続けることを通じて。それが少しずつ一人ひとりを元気にしていって、少しずつ地域と社会を元気にしていく。漢方薬による体質改善のようなものだ。

こういう体質改善が日本の地域と社会には必要なんだと取り組んできた同じ人たちが、今回の非常時に弁当・食材配布等で今大変な人たちの暮らしを支えている。漢方医が西洋医学もやっているようなものだ。

今は今をしのがなくてはならない。それは間違いない。でも、ふだんからもっと体質改善しておかないと、大変になってからしのぐといっても限界がある。こども食堂の非常時対応は、平時のつながりづくりの重要性を訴えている。そこを背骨にしようよ、と。

こども食堂は、災害のたびに増えてきた

実際、こども食堂は災害のたびに増えてきた。

アフターがプレでもある「災間」＝新しい日常

年代	年	事象	こども食堂	箇所数
2010年代	2011	東日本大震災 →		
	2012		最初のこども食堂誕生	1箇所
	2013	「子どもの貧困対策の推進に関する法律」制定・生活困窮者自立支援法制定 →		
	2014			
	2015		報道量ふえる	
	2016	熊本大震災	熊本でこども食堂が増える	319箇所
	2017			
	2018	平成30年7月豪雨災害 →	愛媛県宇和島市で１年間に13箇所のこども食堂が誕生	2286箇所
	2019	台風15号19号被害 →	宮城・福島・栃木等で災害支援拠点として活動	3718箇所
2020年代	2020	コロナ禍 →	フードパントリー等で困難家庭支援	4960箇所
	2021〜		非常時にいかせる平時のつながりづくりを推進	２万超へ
	2030	SDGs ゴール		

図表　災害とこども食堂の年表（筆者作成）
こども食堂は災害のたびに増え続けてきた

２０１６年熊本大震災の後、熊本でこども食堂が増えていった。２０１８年の平成30年７月豪雨災害のときには、愛媛県宇和島市で一気にこども食堂が増えていった。それまで市内に１件もなかったこども食堂が、豪雨災害後の１年間で13箇所になった。非常時は、平時のつながりの重要性を痛感するときだ。今、私たちがつながりの重要性を痛感しているように。

人々は、そうやって体質改善に取り組んできた。非常時から、次の非常時に備えるためにふだんから取り組むべきことは何かを考え、平時に取り組んできた。そして、平時に培ったつながりやノウハウを、次の非常時に生かした。熊本大震災をきっかけに生まれた熊本のこども食堂が、２０２０年の人吉市・球磨村の豪雨災害で現地の支援活動に入った。平成30年7月豪雨災害で生まれた宇和島のこども食堂が、コロナ禍で大変なひとり親家庭を弁当・食材配布で支え続けた。非常時の経験を平時の体質改善に生かし、それが次の非常時に生きるとは、このようなことを言う。

大事なのは、「答えを出す」ことではない

人々は、そうやって体質改善に取り組んできた、と書いた。すでに少なからぬ人たちが、課題の所在を的確に見抜き、自分のできるかぎりで、地域と社会の体質改善に取り組んでいる。ここに答えがある、と思う。

それが答えじゃないかと考える最大の根拠は、人々の実際の選択だ。何度も繰り返してきたように、誰も指示していない、どこからもお金は出ないのに、全国で同時多発的に同じ動きが生まれている。人々はすでに選択している。答えを出している。少なくとも、必要なことはこういうことなんじゃないか、という勘所が探り当てられている。その市井の人々の選択の中にこそ、社会の解を見出すべき、と思う。

というのは、社会課題解決で一番難しいのは、「答えを出す」ことではなく「答えを生きる」ことだから。よく「政府にはビジョンがない」と言われるが、政府は毎年のようにビジョン（国家戦略）を出している。読んでみれば、立派なことが書いてある。ビジョンはある。問題は、答え（ビジョン）がないことではなく、人々がその答えを生きないことだ。人々が生きない答えは生かされない。生かされない答えは、結局機能しないので、社会は変わらない。企業・団体のビジョン・ミッションも同じだろう。

私はそのことを長い支援活動と、大学での教育実践で痛感してきた。支援と教育のキモは「答えを出す」ことではない。

複合的な課題を抱えて、もうどこからどう手をつけていいかわからないという状態になって相談に来る人に、こうすればいいんですよと答えを出すことは、長く支援現場に携わって関連知識も身についていれば、さして難しいことではない。講座のテーマに関して、知識も経験もない学生に、このテーマはこういうことです、と答えを出すことは、さして難しいことではない。

難しいのは、その人がその答えを生きるようにすることだ。そして実際、その人が答えを生きないかぎり、その人の生活課題も改善しないし、学生の成長もない。結局は、支援も教育も、支える側・教える側の一方通行の自己満足に終わりかねない。だから、答えを出すだけで、「学ぶかどうかはあんたたち次第」といった言い方は、支援の放棄、教育の放棄だと思ってきた。一番のキモを履き違えている、と。

そうした問題意識は近年広く共有されてきたように感じていて、そこで出てくるのが「伝え切る」とか「届け切る」といったフレーズだ。『伝え方が9割』といった本もあった。また支援分野では「支援はエンパワメント」とも言われるようになった。「エンパワメント（empowerment）」は力付けるといった意味だ。力（power）を入れる（接頭辞em）こと。

しかしこれにも、私は違和感がある。答えを持っているのはこっちで、相手は持っていない、という前提に立っているからだ。外から注入するイメージ。相手は持っている。人々は答えを持っている、という前提に立てないだろうか。本人は答えだと思っていないかもしれない、整理もされていないかもしれない。それでも、気持ちもあって、行動もしていて、ある答えを生きようとしている。それを一緒に探求して、引き出して、整理するのを手伝って、目線を合わせ、共通の目標にしていく。

外から注入するのではなく、内にあるものを引き出すイメージ。接頭辞emではなく、接頭辞ex。教育（education）のeは、exのeだとされる。評価（evaluation）のeも、

exのeだ。評価も本来は、外からおまえは何点と価値づけるものではなく、本人の中にある価値（value）を引き出す（ex）ものだ。

コロナ禍を逆手にとれるこども食堂の底力

コロナ禍において、こども食堂の人たちは、選択し、行動してきた。

それはコロナ禍で表れた課題に対処する行動であるとともに、コロナ禍でより鮮明に浮かび上がってきたコロナ以前からの課題——無縁社会であり、無縁社会からくる生きづらさであり、災害多発列島となった日本であり、超少子高齢化・人口減少等々であり——に対する市井の人々の応答でもあった。

暑ければ脱ぐ、寒ければ着る、と指示されなくても自分で体温調節するように、非常時から学び、平時の体質改善に生かし、そこで培った力を次の非常時に生かすという形で、地域と社会の体温調節を行おうとしてきた。しかもそれが、一人二人ではなく、かなり大勢の、しかも「ふつう」の人々が、あたかも示し合わせたかのように、全国津々浦々で、短期間に、一斉に。ここに答えがある、少なくとも答えの芽がある、引き出し、社会全体で共有し、みんなの目線を合わせるための最適な素材がある、と考えたいし、信じたい。

それを信じられない人が、外から答えを与えようとする、伝えようとする。そして伝わっていかないと、わかってないと責めてみたり、知られてないからだと広報啓発の問題にしたりする。ひょっとして自分は、暑がっている人に「今の気温では服を着るのが客観的に見て正解なんだよ」と言っているのではないか、とは考えない。でも本人は暑がっているのだから、結局その「答え」は生かされず、状況は変わらない。地域も社会もよくならない。

政治とは、「答えを出す」営みではない。政治とは、人々がすでに出している答えを引き出し、汲み上げ、形にし、地域と社会に投げ返すことを通じて、より多くの人たちが、目線を合わせて、「答えを生きられる」状態をつくる営み、その条件を整える営み、その意味での支援であり教育が「政治」だ、と私は思う。

2010年代、人々は無縁社会となった日本でそれに抗う取り組みを進めつつ、度重なる災害を通じて、それぞれの地元で地域の体質改善に取り組んできた。2020年という節目の年にコロナが起こり、もはや局地的な災害ではなく、全国・全世界が非常時という中で、こども食堂の人たちは全国で奮闘し、今まで特に強くそうした問題意識をもっていなかった人たちも、「つながり」を、今まさに強く意識するようになっている。

2010年代に芽吹いたものを、2020年代により大きく育て、開花させるために、コロナ禍を逆手にとれる可能性がある。コロナで距離をとらなければならなくなった私たちが、それゆえに「つながり」を意識し、コロナの「おかげ」でつながりが強化されたと、地域と社会の体質改善が進んだと、無縁社会を克服する兆しが見えてきたと、後に振り返れるようになる、という進み行きだ。コロナに一矢報いたい、コロナ禍で表れた人々の気持ちや行動に示された叡智を、これからの社会の叡智として、より強靭になった2020年代を過ごしたい。

コロナ禍に明け暮れた一年を振り返りつつ、今改めて、私はそう強く願っている。

終章

これからを見据えて……

1　配慮ある多様性へ

多様性はすばらしく、そして危うい

「みんなちがって、みんないい」

２０１９年10月の臨時国会・所信表明演説で、安倍総理が金子みすゞの詩を引用して、多様性を称揚した。多様性礼賛の象徴のようなこの言葉を安倍総理が引用するのは、２０１２年の政権発足以来、15回の施政方針・所信表明演説の中で初めてのことだった。

「みんなちがって、みんないい」

新しい時代の日本に求められるのは、多様性であります。みんなが横並び、画一的な社会システムの在り方を、根本から見直していく必要があります。多様性を認め合い、全ての人がその個性を活かすことができる。そうした社会を創ることで、少子高齢化という大きな壁も、必ずや克服できるはずです。

（第200回衆議院本会議・安倍首相所信表明演説）

平成の終わり、令和の始めに、総理大臣の重要演説でこの詩が引用されたことを、私は感慨深く受け止めた。私自身も、多様性を認め合う社会の実現を望み、歓迎しているからだ。

しかし同時に、私は「安易な多様性礼賛は危うい」とも言ってきた。多様性と共同性は、相性が悪い。なぜなら、多様化は世の中を細分化し、分断し、生きづらい人を増やす方向にも働きうるからだ。

多様化とは「みんなちがう」ということ。極端にいえば、異国人同士の集団のようなものだ。「みんないい」とその存在を認めるのはいいが、どうやって「共同・協働」するのかと言えば、簡単でないことは容易に想像がつく。

たとえば家族旅行。父はハワイに行きたい、母は温泉に行きたい、姉はディズニーランドに行きたい、自分はどこにも行きたくない、とする。さて、「みんなちがって、みんないい」から導かれる結論は？　バラバラにそれぞれ行きたいところに行けばいい？　それでは共同性は成り立たない。多様性は、自動的には共同性に至らない。むしろ、多様性は本来、共同性に反している。多様化とは、つながりにくい社会になることでもある。

あるのは「敬遠」「遠慮」「攻撃」

今、私たちが直面している課題の多くは、多様性のこの側面に由来するのではないか、と私は感じている。若い人たちの多様性への身の処し方が、ある意味でそれを象徴している。たとえば今の大学生は、小さいころから繰り返し、「みんなちがって、みんないい」と聞いてきている。「違うことを批判してはいけない」「障害者を差別してはいけない」ことを、頭では十分理解している。「みんないい」んだから。存在は肯定的に認めないといけない。でも、じゃあつきあえるかと言うと、つきあえない。つきあわない。

存在は肯定的に認めるが、つきあえないので、共同性は生まれない。むしろ目につくのは「敬遠」と「遠慮」と「攻撃」だ。

まず「敬遠」は、たとえば「意識高い」という言葉の用法によく表れている。「意識高い」とは、外国人留学生が増えた大学で、留学生と積極的に交流しようとする学生や、学外の人脈を積極的に広げよう、政治や社会の課題に積極的に向き合おうとする学生を形容する言葉だ。

意識が高いのと低いの、どちらが良いかと言えば、高いほうがいいに決まっている。ゆえに「意識高い」は、褒め言葉、敬う言葉だ。しかし実際の用法は「うわっ、意識高っ」と使う。そこには、自分はつきあいたくない、というメッセージが込められている。「意識高い」は、他人を敬して遠ざけるために使われている。

「個性的」も同じ。多様性礼賛の中では、個性的であることは「良いこと」だ。しかし「あの人、個性的すぎる」と、自分はつきあいたくないという意思表示としても使う。「みんなちがって、みんないい（だけど自分はつきあいたくありません）」というのが「敬遠」だ。

次に「遠慮」。

誰かが何かで思い悩んでいるようなとき、そこに踏み込むかどうかの選択を前にして、「そっとしといてあげようよ」というように使う。遠くにいて、慮る。それは積極的なやさしさとしてもありえるが、消極的に使われることもある。「関わっても、どうせ背負いきれないから」だ。「違うんだから、どうせわかりあえないから」「かえって迷惑かもしれないから」だ。こうして、関わらないことが正当化される。「みんなちがって、みんないい（だけど自分は関われません）」というのが「遠慮」だ。

そして「攻撃」。

対面する場ではほとんど聞かず、主にネット上で展開されている。人数も、多くはないだろう。だが「みんなちがって、みんないい」という、上から与えられた「善いこと」のタテマエ感にうんざりしたときのはけ口として活用されることがある。「みんなちがって、みんないい（だけど自分は許さない）」というのが「攻撃」だ。

いずれの現象も、多様性に反しているのではなく、多様性が当然にもたらす結果だ。だって違うんだから。違うものとつきあうのは、同じものとつきあうのに比べて、めんどうなのだ。そのめんどうくささが、違うものばかりの中で同じものを探させ、集まらせ（細分化）、その居心地の良さの中に踏みとどまることで、違いを理解できないものにしていく（分断）。家庭の中から大学のキャンパス、社会と国家、そして国際政治まで、今起こっていることは、こういうことではないか、と私は考えている。繰り返しになるが、それは多様性からの逸脱ではなく、多様化がもたらす当然の帰結だ。

多様性だけでは足りない

しかし、だからといって多様性そのものを否定するべきではない。現にある多様性を封じ込めて、純化させようとするのは、現実的ではない。移民の受け入れを止めたところで、多様性から解放されるわけではない。日本人同士でも、健常者同士でも、たとえ家族であっても、人と人は、すでに、十分、多様だからだ。

それゆえ必要なことは、多様性がもつ細分化と分断の傾向と向き合いつつ、それを乗り越える要素を多様性に加えることだ。言い換えれば、多様性がすばらしいものになるためには、多様性だけでは足りない。

何が足らないのか。インクルージョンが足りない。

インクルージョン（inclusion）は一般になじみのない英語だが、相当する日本語を探すと「配慮」という言葉に行き当たる、と私は考えている（注）。その本質をもっともよく言い当てたのは、第一章で紹介した高校生だった。彼はこう言った。

歩くのがちょっとゆっくりな人とは、自分もゆっくり歩くじゃないですか。そういうことだと思うんです。

歩くのがゆっくりな人と一緒に歩くために、ちょっとゆっくり歩くこと。それがインクルージョン＝配慮だ。多様性に配慮が加わって初めて、多様性の良い側面が開花する。

今の多様性は、配慮なき（あるいは配慮できない）多様性（Non-Inclusive Diversity）だ。ここから早く、配慮ある（あるいは配慮できる）多様性（Inclusive Diversity）の段階に進む必要がある。私は、それを２０２０年代の時代的課題と考えている。

「配慮ある」とは、相手の境遇やそこからの世界の見え方に関心を寄せ、それと自分を架橋することを指す。たとえば、先の家族旅行。父はハワイに行きたい、母は温泉に行きたい、姉はディズニーランドに行きたい、自分はどこにも行きたくない、となったとき、「みんなちがって、みんないいから、じゃあバラバラで」とならないためには、なぜ父はハワイに行きたいのか、なぜ母は温泉に行きたいのか、その意向が相手のどこからどのように出てきているのかに関心を寄せる必要がある。そして尋ねた結果、母が温泉に行きたいのは年老いた祖母を連れて行きたいのだとわかれば、その母の想いに共感した自分の想いを父と姉に伝え、各自の「そういうことなら、今回は温泉でいいか」という理解と共感を引き出す必要がある。

これが「みんなちがって、みんないい」と「共同性」を両立させるために必要な「配慮」だ。ハワイか温泉かに「正解」はない。帰ってきたときに「よかったね」とみんなで言い合えれば、そこが正解だ。それを「納得解」という。納得解をつくるために欠かせないのが「配慮」だ。

（注）inclusionは、辞書では「包含、包括、算入」などと訳されていて、「配慮」という日本語訳は、ない。用法や意味を汲んだ「意訳」であることにご注意願いたい。

「配慮」が多様性と共同性を両立させる

2016年、障害者差別解消法が施行され、その中で障害者に対する「合理的配慮」がうたわれた。内閣府のパンフレットには「障害のある人に『合理的配慮』を行うことなどを通じて、『共生社会』を実現することを目指しています」と書かれている。

健常者と障害者という多様な人たちの共同性は「合理的配慮」を通じて可能になる。この場合の配慮（accommodation）とは、設備をバリアフリーにしたり、本人の求めに応じて便宜を図る、手助けするなど、具体的な設備や行為を想定している。その背景には、相手に関心を寄せ、自分と相手を架橋するという意味での配慮（inclusion）がある。

「障害者との共生」と聞けば難しく感じるかもしれないが、要は「どうしたらいいですか？　どうして欲しいですか？」と尋ね、相手の意向を聞き、自分にできることをして（応えられないこともあるだろう）、お互いの納得解にたどりつこう、ということだ。

その意味で、配慮は意思と工夫の問題だ。多様性が、存在の多様さを認め合おうという存在の問題であることとは、レイヤーが異なる。多様性は存在の問題、配慮は意思と工夫の問題。この両者があって、初めて多様性と共同性が両立する。

多様化を細分化と分断に至らせないための鍵は、配慮（インクルージョン）にある。だから細分化と分断に懸念を抱く私たちは、個人の道徳としてだけでなく、時代の課題・要請として、インクルージョンの課題に向き合う必要がある、と思う。具体的には、配慮の意思と工夫を積み重ねることだ。それは簡単で、そして難しい。

私たち全員が「配慮」の芽を持っている

簡単と言うのは、私たち全員がその芽を持っているからだ。

誰でも、「歩くのがちょっとゆっくりな人とは、自分もゆっくり歩く」経験を持っているはずだ。そこに、配慮（インクルージョン）の意思と工夫がある。自分もゆっくり歩くことで、ともに歩むという共同性が成り立つ。

「障害者との共生」「外国人との多文化共生」「高齢者への思いやり」などと聞けば、難しく、決まった答えのある、知識の必要なことと感じるかもしれない。しかし「歩くのがちょっとゆっくりな人」は、障害者・外国籍・高齢者とは限らない。健常で若い日本人の場合だってある。そして私たちは、相手が誰であろうと「歩くのがちょっとゆっくりな人」ならば、自分も少しペースを落とす。相手がどんな属性か、それによって何が正解か、などとは考えない。

重要なのは、家族旅行と同じで「納得解」だ。障害者だって高齢者だって、一人ひとり違う（それが多様性だ）。歩くのがやたらと速い障害者だっているだろう。大事なことは、その人との正解を、その人との間合いの中で、見つけることだ。それが「納得解」になる。納得解は「相手の境遇やそこからの世界の見え方に関心を寄せ、それと自分を架橋すること（配慮）」によって生まれる。

同時に、とても難しい

同時に、これはとてつもなく難しいことでもある。

その難しさは、保護司として長く非行少年たちに関わってきた「ＮＰＯ法人食べて語ろう会」理事長の中本忠子さん、愛称「ばっちゃん」の言葉に示されている。

「こんなにしたのに」という思いは全くない。うちの力が足りんかったと思うだけよ。今度はどういう方法でやればいいかと考える。「ばっちゃんはこう思うけど、どうじゃろ」と聞く。嫌だと言われれば、また話し合って違う方法を考える。その子はいまは専門学校に通っとるよ。

見返りを求めるボランティアならしない方がいい。相手に失礼。そんなんでは心が通じんでしょ。うちは、犯罪しない人がひとりでも増えればそれでいい。

（出典：「フロントランナー　中本忠子さん『見返りを求めるなら、しない方がいい』」『朝日新聞』２０１８年11月24日。太字筆者）

家族旅行の調停役を買って出て、よけいにややこしくなったとき、障害者に「お手伝いしましょうか？」と買って出て、邪険に断られたとき、友だちのためにとひと肌ぬいだのに、かえって迷惑がられたとき、自分と相手を架橋しようとしてうまくいかなかったとき、「うちの力が足りんかったと思うだけよ」とあっさり言い切れる人は、多くはない。「今度はどういう方法でやればいいかと」考えて、否定されたら「また話し合って違う方法を考え」ればいいと思い切れる人は、多くはない。ふつうは、そのめんどうくささに耐えられない。

しかし耐えられずに投げ出してしまえば、納得解には至らず、共同性は維持されない。

2019年、ラグビー日本代表が注目されたのは、多様性の典型のような構成のチームが「ワンチーム」としての共同性を維持し、力を発揮したからだろう。多様性が共同性を獲得できたとき、そのパワーは均質的な共同性を上回ることを、私たちは目にした。私たちの社会も、そうでありたいと願う。

ラグビー日本代表は「勝つ」ために、そのめんどうくささを乗り越えた。私たちは、地域と社会、そして世界の平和と持続可能性を実現するために、このめんどうくささを乗り越えたい。

2 こども食堂とSDGs

障害のある兄と遊ぶために

本書の冒頭で、障害のある兄と草野球をしたとき、最初、兄を監督に仕立てあげたがうまくいかなかった、という話を書いた。では、どうしたか。

何度かの試行錯誤の末、私たちが到達したやり方はこうだった。兄がバッターボックスに立ったときには、ピッチャーは3歩前に出て、下手でボールを投げる。兄は弱々しくだがバットを振ることができた。兄がバットを振ってボールが前に転がったら、兄の後ろに控えていた代走が走り出す。これでだいたい打率2割とか3割くらいになり、私たちは違和感なく草野球に興じることができた。

それは私たちが特別「心やさしい」子どもたちだったからではない。自分たちが思う存分盛り上がるためには、心置きなく楽しむためには、兄を排除するよりはうまく包みこむほうがよかったからだ。そのために、ルールのほうをいじった。ルールを兄用にカスタマイズして、兄がバッターになったときも、私たちと同じくらいの打率で塁に出られるように調整した。5歩前でも、上手投げでもなく、「3歩前で下手投げ」が調整の末に行き着いた「ちょうどよい加減」だった。遊びに貪欲、楽しむことに貪欲だったことで成り立った工夫だった。

すでにお気づきのように、これは異年齢集団で遊んだ「ドロケイ」の話（第一章）に通じる。小さい子はすぐにつかまってしまうから、その子のためにルールをカスタマイズして、3回までOKとか、5回までOKとか、「ちょうどよい加減」を探った。それも、私たちがつまらなくならず、長く楽しむためだった。

私たちは、盛り上がるため、長く楽しむために、兄や小さい子をはじくことなく、ルールのほうをいじった。障害のある兄や小さい子のためではなく自分たちのためだと言うと、どこか自己中心的に聞こえるかもしれないが、そうではない。不本意な自己犠牲を伴うものだったら、やはり長続きしなかっただろう。

そして、そのことを言い当てたアフリカの諺がある。「速く行きたいならひとりで行け。遠くへ行きたいならみんなで行け」。兄や小さい子を排除しなかったのは「遠く」へ行きたかったからだった。遠くへ行く（長く楽しむ）ためには、はじかれる人はいないほうがよかった。

そして今、この発想と考え方が世界目標になっている。その目標の名前をＳＤＧｓと言う。

はじかれる人を出さないように

最近、胸にカラフルな円形のピンバッジをつけている人と出会う機会が増えた。その人は企業人だったり、官僚だったり、ＮＰＯの人だったり、さまざまだ。職業も職種も違う人たちを結びつけているそのピンバッジがＳＤＧｓのシンボルマークだ。実は私もつけている。

ＳＤＧｓとは、２０１５年に世界中の国と地域が合意して定めた世界目標のこと。「持続可能な開発目標（Sustainable Development Goals）」の略で、貧困削減や男女平等、気候危機への対応など17のゴールを定め、２０３０年までの実現を呼びかけている（ピンバッジがカラフルなのは、ゴールごとに設定された17色を象ったものだからだ）。それが、次の世代にも、次の次の世代にも、この地球が引き継がれていくため（持続するため）に必要だ、と。

日本も、もちろん参加している。東京オリンピック・パラリンピックは、初の「SDGs五輪」にすると言っているし、経団連は、SDGs特設サイトを設けて、取り組みの推進を促している。個々の企業にも、経営方針にSDGsを採り入れるところが増えつつある。そのSDGs全体を集約したメインスローガンが「誰ひとり取り残さない世界の実現」だ。「持続可能な開発目標」とメインスローガンがどのように関連しているのかは、SDGsの考え方や基本的態度を示した「宣言」文にヒントがある。

3.（取り組むべき課題）我々は、2030年までに以下のことを行うことを決意する。あらゆる貧困と飢餓に終止符を打つこと。国内的・国際的な不平等と戦うこと。平和で、公正かつ包摂的な社会をうち立てること。人権を保護しジェンダー平等と女性・女児の能力強化を進めること。地球と天然資源の永続的な保護を確保すること。そしてまた我々は、持続可能で、包摂的で持続的な経済成長、共有された繁栄及び働きがいのある人間らしい仕事のための条件を、各国の発展段階の違い及び能力の違いを考慮に入れた上で、作り出すことを決意する。

4.（誰一人取り残さない）この偉大な共同の旅に乗り出すにあたり、我々は誰も取り残されないことを誓う。人々の尊厳は基本的なものであるとの認識の下に、目標とターゲットがすべての国、すべての人々及び社会のすべての部分で満たされることを望む。そして我々は、最も遅れているところに第一に手を伸ばすべく努力する。

（出典：「我々の世界を変革する：持続可能な開発のための２０３０アジェンダ「宣言」」https://www.mofa.go.jp/mofaj/files/000101402.pdf）

「包摂的で持続的な経済成長」の「包摂的」は、原語ではインクルーシブinclusiveだ。みんなをつつみこむ経済成長が目指されている。それは次のパラグラフで「誰も取り残されないことを誓う」と響き合う。この論理は、私たちになじみのある「十分な経済成長（開発）をすれば、成長の果実が世の中の隅々にこぼれて及んでいき、結果として誰ひとり取り残さないことになる」という理屈とは違っている。成長すればみんなに分配できるよ、という理屈ではなくて、誰ひとり取り残さないような成長が持続可能な成長だ、という理屈になっている。石炭をガンガン燃やせば当面成長するかもしれないが、それは地球温暖化のことを考えれば持続可能ではない、と言えば、私たちが近年よく聞くようになった理屈だとわかるだろう。だから、海面が上昇したら真っ先に海に沈んでしまう太平洋の島国の人たちを取り残さないようなあり方を考えよう、それが持続可能な成長のあり方を示す、ということだ。

これは、障害のある兄や小さい子を取り残さないようなルール設定をすることで長く楽しむことができた、という私たちの体験から導かれる理屈と同じだ。

地球規模の問題と子どもたちの遊びの理屈が同じだ、というのは奇妙に聞こえるかもしれないが、「遠くに行きたいならみんなで行け」というアフリカの諺を挟めば、両者が地続きなことがよくわかる。「遠く」は、距離的にも時間的にも長くということであり、「持続可能性」といえば言葉は堅いが「ずっと続く」ということだ。誰かを除け者にするようなやり方は、遊びも成長もずっとは続かない。

そんなことはキレイな絵空事にすぎないと感じるなら、「ウォシュレット」を思い出してみればいい。温水洗浄便座はもともと痔で苦しむ患者さんのために開発された。それは世界中に売り出されるヒット商品となり、私たちは、痔を患っていなくても、その恩恵を受けている。駅のエレベーターはどうだろう？　あれはもともと車椅子などを利用する障害者のために設置された。CO_2の排出権取引は？　自然エネルギー開発は？　加工肉は？——子どもたちは「キレイな絵空事」などと言わず、自分たちが長く楽しむために、貪欲に「ちょうどよい加減」を追求した。世界も「キレイな絵空事」などと言わず、人類がこの地球で生き延びるために、貪欲に「ちょうどよい加減」を追求しようと呼びかけている。大人たちはどうだろう？

応えている。少なくとも、こども食堂は応えている。

終わりを意識するからこそ

地域の方が集まる交流の場所になりたい！

これからもこどもから高齢者の多世代交流の場にしたい！

地域の「居間」として活用できるようにしたい！

0歳〜100歳までのごちゃまぜ居場所を目指したい！


群馬県高崎市のこども食堂の方たちの集まりに出たとき、運営者のみなさんの「夢」を語ったパンフレットには、このような言葉が並んでいた。「地域ではじかれる人のいないにぎわいをつくりたい」——それが多くのこども食堂の願いだ。何のために？　自分たちが楽しく安心して暮らすために。そして楽しく安心して暮らせる地域が長く続くために。

アフリカの諺の通り。

SDGsを意識してこども食堂を始めた、という運営者に私は会ったことがない。しかし、こども食堂の願いはＳＤＧｓの理念と符合している。ＳＤＧｓの理念が子どもたちの体験と符合しているように。すべてに共通するのが「有限性」だ。

地球と同じように、日本の地域にも「このままいくと、いつか人が住み続けられなくなるのではないか」という危機意識が広がっている。「消滅可能性自治体」などという呼び名も出た。無限に続くのがなんとなくあたりまえで、いつ終わるかなど以前はそんなに考えなかったが、近年はさまざまなレベルで「終わり」が意識されるようになってきた。

終わりを意識したときに出てくるのは今を慈しむ気持ち、今を見直す視点だ。子どもの頃、帰宅を促す夕方のチャイムが鳴るまでの時間を惜しんで遊んだように、明日地球が破滅すると思えば、毎日いい加減に済ませていた夕食にもこだわりたくなる。人も高齢化していけば人生の終わりを意識するようになる。そのときに出てくるのは「一日一日を大切に生きよう」という気持ちと視点だろう。終わりが問うのは現在だ。終わりを意識しなければ、持続可能性という問題意識は出てこない。どうしたって遠くに行けるなら、みんなで行く必要などない。持続可能性という問題設定は、ずっとは続かない、終わりがくる、という意識が生み出している。

コロナ禍も同じだ。コロナ禍のような非常時に、人々は「終わり」を意識する。「切断」と言ってもいい。コロナで命を落とす（人生が終わる）とか、今日会っていた人と明日急に会えなくなるとか、親の死に目に会えないとか、学校が突如閉鎖になるとか、よく行っていた店が閉店するとか、長く働けると思っていた職場から解雇されるとか……。ずっと続いていたもの、ずっと続くと思っていたものが、突然ぶつりと切れる。その切断可能性を意識したとき、持続可能性を求める気持ちが生まれる。「あたりまえはありがたい」という意識が広く多くの人たちに共有される。

コロナで「密」が避けられるようになったが、考えてみれば日本社会はコロナ前から「疎」に向かっていた。広いお屋敷に高齢者がひとりで暮らす、隣家が空き家になる、学校が統廃合される、地域活動が廃れ、お互いの関心も薄れていく……地域はどんどん「疎」になっていた。こども食堂は、もともと地域が物理的にも精神的にも「疎」になってきたからこそ、「密」をつくろうと生まれたものだった（無縁社会に抗う）。コロナのインパクトが大きすぎてコロナ前を思い出すのが難しくなってしまっているが、コロナ前、地域にこども食堂のような「密」が満ちていたわけではない。むしろ「密」は、疎に囲まれるようにして点在していただけだ。そしてコロナは、その少ない「密」を狙い撃ちした。全般的に「疎化」していく傾向の中で、数少ない「密」も開けなくなれば、「疎化」に拍車がかかる。日本全体の「過疎化」だ。「過疎化」の先にあるのは、住み続けられなくなるという意味での「消滅」だ。だからこども食堂の人たちは抗い、形態を変えてまで活動を続けた。

こども食堂の人たちには、もともと地域の有限性（終わり、消滅）が意識されていた。コロナはその意識を強めたが、コロナで始まったわけではなく、それ以前からあったものだ。そして地域の有限性を体現するのが子どもだ。子どもの減少は、地域が終わりに向かっていることをまざまざと見せつける。その有限性が強く意識されたとき、人々は「ずっと続けたいと思えば、みんなで行くしかない」という結論に達する。それは、地域も世界も、子どもも大人も、変わらない。

ゆっくり歩く人がいるからといって自分もゆっくり歩くのは「悪平等」だとか、成功者がますます成功さえすれば結果的にみんながおこぼれにあずかれてうまくいくんだとか、「ひとりで行け」という奨励が空虚に聞こえるようになる。ひとりで行けば、その人だけは速く行けるかもしれない。でも終わりが待ってるのに速く行ってどうするの？　早く終わるだけなんですけど……という感じだ。

この世界の当事者として

だから、ＳＤＧｓの願いとこども食堂の願いが符合するのは、不思議なことではない。持続可能な「開発」と聞けば、環境に配慮したリゾート開発のような土木・建設のイメージを思い浮かべてしまうが、原語 Development は、人の発達や成長、地域や社会の発展・活性化を広く含む。障害のある兄、小さい子、海抜の低い太平洋の島国に視線を合わせると、ずっと続くために必要なルールが見えてくる。それを新しいスタンダードにしようと言って、レジ袋も有料になった。すでにルールの変更は各方面で始まっており、私たちはその新しいルールを生き始めている。こども食堂の誕生も、この新しいルールの一部に他ならない。

ＳＤＧｓとの関連は、よく「17あるゴールの何番に当たるテーマか」といった形で示される。それにならえば、こども食堂は1番「貧困をなくそう」、2番「飢餓をゼロに」、3番「すべての人に健康と福祉を」、11番「住み続けられるまちづくりを」、17番「パートナーシップで目標を達成しよう」に関わる活動だということになる。だが、個別バラバラにあてはめるだけでは両者の真の関連性は見えてこないし、ＳＤＧｓの理念も捉えられない。「子どもの貧困問題に関係しているから1番ですね」といった表面的な対応関係だけでは、有限性が強く意識されるようになった世界において、私たちがずっと生き続けるために、遠くに行くためにこそ新しいルールを生きていくんだ、という魂の部分が抜け落ちてしまいかねない。

こども食堂を始めた人たちは、地域を見ている。地域からにぎわいが失われ、こぼれる子どもがいて、このままではうちの地域はずっとは続かないんじゃないか、子どもや孫が帰ってこられなくなるんじゃないか、次世代に自信をもって譲り渡せる地域にならないんじゃないかという危機感を抱いて、一生懸命にこども食堂を運営している。そして国連のスタッフは、この世界の現実を見ながら、この世界の現実をなんとかしようとして、一生懸命各国のとりまとめを行った。両者に共通するのは「この世界（地域）の当事者として、自分にできることは何か？」という問いだ。その問いの答えが結果として符合するのは、偶然のように見えて、必然だ。

２０２０年、国連はこれからの10年をＳＤＧｓの実現に向けた「行動の10年」とするよう、各国に呼びかけた。２０２０年代の10年間を私たちは、終わりを意識しながら地域と社会、そして世界の持続可能性を目指して奮闘する10年としたい。その中に、こども食堂が適切に位置付けられるように願っている。

3　こども食堂がどこにでもある日本へ

陽だまりのような場所

あっちにもこっちにもこども食堂
そんなやさしい未来をつくれたら、
毎日はもっとステキになると思う。

だれがやってもいい。だれが行ってもいい。
どこではじめてもいい。どんな形だっていい。

おいしくてたのしくて。いつもだれかがそこにいて。

ヒナタにいるみたいにふしぎと元気がわいてくる。
そんな居場所がある幸せを
全力であたりまえにしていこう。

私が理事長を務める「NPO法人全国こども食堂支援センター・むすびえ」のホームページには、このようなステートメントとともに、私たちが目指す地域のイメージを可視化したイラスト「こども食堂が、あたりまえにある街」が掲載されている（https://musubie.org/about/acchinimo/）。

イラストでは、小学校区をイメージした生活圏域に10箇所のこども食堂が描きこまれている。「公民館でこども食堂」といった、現在もっとも普及している形態から、「おうちでこども食堂」「コンビニでこども食堂」「公園でお弁当・駄菓子配布」といった、一部地域で実施されているが、全国に広がっているとは言えないものまで、そして「銭湯でこども食堂」など、私たち自身聞いたことはないが、「こういうのがあってもいいよね」と思うものも描きこんでいる。

イラストのタイトル通り、私たちはこども食堂があたりまえにある風景を実現したい、と願っている。それが、多くの人が安心して暮らせて、元気になる地域と社会を実現すると思うから。「そうだよね〜、そうしたいよね〜」と共感してくれる人が増えてくれることを願っている。

つながり続けるために

先日、あるこども食堂の運営者から、こんな話を聞いた。

こども食堂に来ている中学生に、運営者の夫が数学を教えた。夫は、妻である運営者から「お父さん」と呼ばれていた。家に帰った中学生は、母親に「今日、『お父さん』に数学を教えてもらった」と告げた。その家庭は母子家庭だった。

母親は後日、運営者に次のようなメッセージを送ってきた（原文のママ）。

居場所について思う事。

私達親子は、ほぼ初めから母子2人です。

まだ息子が0歳の頃、読んだ本に書いてあった事、16年経ち「おとうさん」で実感したのです。

本には、たとえ片親でも、近所のおじさん、おばさんでも、祖父母でも、誰でもよいから、子どもが関わる大人が、夫婦仲良いところや協力しているところを見せることが大切。のような内容がありました。

残念ながら、私の両親はかなり仲が悪く、今まで見せてあげることはできませんでした。

だから、息子の何気なく発した言葉だったとしても、はっと気付いたのでした。

息子は、私の子ども時代より幸せに過ごしていると確信しています。

それは、居場所に出会ったからです。

私のような未熟な大人1人に育てられたら、ねじまがった人間になってしまうところでした😄

多くの方々との関わりは、居場所でしか体験できなかった事です。

そして、私自信、あまり人と関わるのが好きではなかったのですが、最近、そうでもない?!　と変化を感じています。

居場所は、癒され空間です。困った事を相談出来たり、愚痴を聞いてもらったり、地域の方とお会いできたり、本当は、私もこういう出会いが欲しかったのだとわかりました。

長文、乱文で失礼しました。

伝えたくて書きました。

今日のおやつ、ケーキの上のトロッとしたホワイトチョコのような部分、大匙でほおばりたいくらい美味しかったです。

ごちそうさまでした。

色々な意味で、いつも本当にありがとうございます。


私の手元に一枚の写真がある。

お見せできなくて本当に残念なのだが、その写真には手前にベッドに横たわる高齢女性が写っており、彼女を取り囲むように11人の男女が写っている。

50~60代の2人の女性が、高齢女性の顔を近くから覗き込むように見ている。青いシャツを着たメガネの女性は、高齢女性の両手の上に自分の両手を重ねている。他の人たちがそのさらに周りに座っている。

全員が笑顔で、その高齢女性を見つめている。

ご臨終の場面である。中に一人、首から聴診器を下げている男性がいる。この男性が担当医で、看取ったのだと思われる。

その高齢女性は、89歳のときに、自宅をこども食堂にした。自宅開放型のこども食堂だ。個人宅なので、ダイニングは6畳とか8畳くらいしかない。さまざまな課題を抱える中高生の居場所として活用し、高齢女性はその子たちと一緒に食事をとった。高齢なこともあり、食事は地域のボランティア女性たちがつくった。

その女性が90歳のときの写真もある。その方は90歳の誕生日を病院で迎えた。自身は車椅子に乗って、手には色紙を持っている。色紙には、中央に女性の名前、その下にHappy Birthdayの文字、そして太陽、虹、ハートマークなどとともに、子どもたちからのメッセージが書き込まれている。臨終の場面にも立ち会っているこども食堂のボランティアさんたちとともに写っている。

そして91歳。女性は自宅で息を引き取った。

場所は、池袋のある東京都豊島区だ。隣人の顔も知らないと言われる大都会で、女性は子どもたちのために自宅を開放した。そして結果として、自身が地域の方たちから笑顔で見送られるようなつながりをつくった。

2つの事例は、地域の居場所がどういうものか、つながりがどういうものか、つながり続けるということがどういうことか、をよく物語ってくれている。

明日もがんばろうとか、世の中捨てたもんじゃないとか、生きててよかったとか、そういう感情はこういうところから湧いてくるのではないかと思う。それが暮らしの根幹、社会の真ん中に据えられる国で生きたい。

だから思う。

そんな居場所がある幸せを、全力であたりまえにしていきたい、と。

あとがき

「時間どろぼう団」に抗って……

コロナ禍で、オンライン会議が増えた。

自宅にいながら東北や九州の人と話したり、逆に九州で講演しながら大阪の人とミーティングしたり。どこにいても、誰とでも顔を合わせて話せるようになった。

便利だが、隙間時間はさらに減った。もう地方出張していることが「打ち合わせできない」理由にはならなくなった。携帯電話を持ち始めた頃を思い出した。

同時に思い出したのがミヒャエル・エンデの『モモ』だ。人々は時間を捻出しようと効率化する。しかし、効率化すればするほど時間は消えていく。それは「時間どろぼう団」の仕業だったという寓話だ。１９７０年代に書かれた本だが、今でも新鮮に読める。私たちが依然としてその枠組みに囚われているからだろう。時間をきちんと管理するセルフ・マネジメントができないと「ダメな人と思われてしまう」という恐怖から、いまだに抜け出ることができていない。

『モモ』に忘れられない一節がある。ついに子どもたちに効率化の影響が及び始めたとき、モモは友だちに遊んでもらえなくなる。そのときの会話だ。

「ねえ、またきてよ！　まえにはいつもきてくれてたじゃないの。」

「まえにはね！」パオロがこたえました。「でもいまは、なにもかも変わっちゃったんだ。もうぼくたち、時間をむだにできないのさ。」

（中略）

「で、これからどこに行くの？」

「遊戯の授業さ。遊び方をならうんだ。」フランコがこたえました。

（中略）

「そんなのがおもしろいの？」モモはいぶかしそうにききました。

「そういうことは問題じゃないのよ。」マリアがおどおどして言いました。「それは口にしちゃいけないことなの。」

「じゃ、なにがいったい問題なの？」

「将来の役にたつってことさ。」パオロがこたえました。

（『モモ』ミヒャエル・エンデ著、大島かおり訳、岩波少年文庫、２００５年）

「そんなのがおもしろいの？」「それは口にしちゃいけないことなの。」――「何にも縛られない癒しの時間」の過ごし方を教える情報に囲まれている私たちには、なかなかできない会話だ。

こども食堂は、そんな現代社会で広がってきた。こども食堂は、無縁に抗ってつながりをつくる場、「疎」に抗って「密」をつくる場だと、本書の中で述べてきた。加えてこども食堂には「時間とろぼう団」に抗って「生きた時間」を取り戻そうとする場だという側面もある。子どもが思い切り遊べる場、大人も肩肘張らずにいられる場、それを人々は居場所と総称してきた。居場所とは、いわばモモとパオロたちがともに遊べる空間だ。こども食堂はそれを全国に増殖させ続けている。

つながり、密、生きた時間……こども食堂が問うものは、広くて大きい。

そしてこのような広くて大きい問いをもつ場が、「ごくふつう」の地域の人々の手で、ごく短期間に、全国津々浦々に広がっているという事実も、私にとってはきわめて重要だった。

誰も排除しない、みんなを包み込む社会づくりに長く取り組んできたが、順風満帆とはとうてい言えない道のりだった。より多くの人たちが自分ごととして関わってくれる活動を模索して四苦八苦してきたが、自分ではなかなか思いつけなかった。こども食堂はそんな私の「限界」をやすやすと超えていった。

こども食堂という器を手にした人々は、そこに続々と地域と社会に対する自分の気持ちを盛っていった。続々と盛られたということは、その気持ちをもつ人たちが世の中に大勢いたということだ。それは深いところで私を勇気づけ、感動させた。

「世の中、捨てたもんじゃない」という言い方があるが、こども食堂の人たちと過ごす時間は、私にとってその希望を確かめ、その希望を膨らませる時間になっている。その意味では、私もこども食堂に救われている一人だ。

本書は、その私の想いをベースに、こども食堂のもっとも良質な部分を描き出すよう努力した。うまくいって読者のみなさんの共感を得られたとしたら、それはこども食堂の功績、うまくいかなかったとしたら、それは私の責任である。

いずれにしろ私は、こども食堂のもっとも良質な部分が、こども食堂という場から染み出すようにして日本の地域と社会にビルトインされるよう、活動していく。本書の刊行も、そうした活動の一環である。

最後に、森の玉里子ども食堂の園田さん、こども食堂　青空の中村さんをはじめ、本書に登場するすべての人々に感謝する。私はこども食堂の人たちを地域と社会を変革していく同志だと思っている。だから「支援」というよりは「仲間」という意識で、ときに遠慮を欠くことがある。にもかかわらず、いつも真摯に相手をしてくれるところに、こども食堂の懐の深さを感じ続けている。

また、NPO法人全国こども食堂支援センター・むすびえのメンバーにも感謝する。むすびえのおかげで、私は今、一人では決してできなかったことができている。本書の大部分は、むすびえの活動があって執筆できたものであり、その意味でむすびえメンバーは共著者に値する。至らない点の多い理事長と共に歩んでくれていることに感謝したい。

そして、コロナ禍で中座していた執筆作業を、あきらめずに再開へと促してくれた中央公論新社・中西恵子さんにも深く感謝したい。中西さんとの出会いは、日本IBMの主宰する勉強会「富士会議」だった。産官学の異業種交流の場だった富士会議に参加したことは、私の世界を広げた。今、多様な企業の人たちと気負いなく付き合えているのは、まだ企業幹部らとの付き合い方に慣れていなかった私に親しく接してくれた富士会議メンバーのおかげだ。中西さんと協働した本書が、富士会議の副産物としてメンバーの記憶に残ってくれれば幸いである。

2021年4月13日

湯浅　誠

初出一覧

＊書き下ろし以外の論考も、大幅に加筆修正しています

はじめに　こども食堂は「孤立する人のいない〝にぎわい〟をつくる」場所
——「Yahoo!ニュース個人」連載「1ミリでも進める子どもの貧困対策」2019年4月9日掲載分

第一章　みんなの居場所がここにある

1　ほっこりして、役割のある場所——書き下ろし
2　大家族のように——書き下ろし
3　多世代交流拠点としてのこども食堂——前掲連載、2019年12月14日

第二章　貧困対策としての形

1　ばあちゃんたちの奮戦記——前掲連載、2018年4月25日
2　しがみつきにくる子がいる——同連載、2017年8月30日
3　「セレブの住む街」のもう一つの顔——初出同連載、2017年3月15日
〈湯浅誠著『「なんとかする」子どもの貧困』(角川新書、2017年)85〜91頁〉
4　こども食堂に「来てほしい子」はきているか　赤信号の子と黄信号の子
——同連載、2018年5月5日

第三章　コロナ禍を逆手にとれる底力

1　それでもこども食堂は動き続けた——前掲連載、2020年2月28日
2　コロナ禍で活動が多様化する——書き下ろし
3　誰もが孤立しやすい社会の中で——書き下ろし
4　政策・制度になじみにくい活動だからこそ——書き下ろし
5　大事なのは、「答えを生きる」こと——書き下ろし

終章　これからを見据えて……

1　配慮ある多様性へ——前掲連載、2020年1月2日
2　こども食堂とSDGs——書き下ろし
3　こども食堂がどこにでもある日本へ——書き下ろし

あとがき　「時間どろぼう団」に抗って……——書き下ろし

ブックデザイン　鈴木成一デザイン室
カバー写真　提供　むすびえ
ＤＴＰ　市川真樹子

湯浅 誠

NPO法人全国こども食堂支援センター・むすびえ理事長
社会活動家。東京大学先端科学技術研究センター特任教授
1969年東京都生まれ。東京大学法学部卒。東京大学大学院法学政治学研究科博士課程単位取得退学。1990年代よりホームレス支援に従事し、2009年から3年間内閣府参与を務める。内閣官房社会的包摂推進室長、震災ボランティア連携室長など。法政大学教授（2014～2019年）を経て現職。政策決定の現場に携わったことで、官民協働とともに、日本社会を前に進めるために民主主義の成熟が重要と痛感する。

つながり続《つづ》ける こども食堂《しょくどう》

2021年6月10日　初版発行
2023年5月25日　3版発行

著者　湯浅《ゆあさ》　誠《まこと》
発行者　安部順一
発行所　中央公論新社
〒100-8152　東京都千代田区大手町1-7-1
電話　販売03-5299-1730　編集03-5299-1740
URL https://www.chuko.co.jp/

印刷　大日本印刷
製本　小泉製本

Published by CHUOKORON-SHINSHA, INC.
Printed in Japan　ISBN978-4-12-005438-9 C0036